A Dorling Kindersely book
www.dk.com

글쓴이 로버트 윈스턴

최신 과학 성과를 일반인에게 전하고 이해시키는 능력이 탁월하기로 이름난 세계적인 과학자랍니다. 박사님은 「인체」, 「초인간」, 「고대 동굴 사람들을 찾아서」, 「인간의 마음」 같은 영국 텔레비전 시리즈에 출연해서 아주 유명해지셨죠. 텔레비전 시리즈에서 박사님은 과학을 생생하게 설명하려고 직접 롤러코스터를 타기도 하고 이글루 속에서 추위에 떨기도 하면서 진지한 모습과 강한 모험심을 보여 주셨어요. 또한 박사님은 인간의 수정을 연구해서 아이가 없는 수천 쌍의 부부들이 '기적의 아이'를 갖도록 도와주었고 국제적인 명성을 얻으셨어요. 지금은 런던 해머스미스 병원의 생식 의학 전문가이자 런던 임페리얼 대학의 교수로 활동하고 계신답니다.

옮긴이 권기호

서울대학교 수의학과를 졸업했어요. 그 후 갤러리 이후에서 기획실장으로 일했으며, 사이언스북스의 편집장을 지냈어요.

나는 어떻게 만들어졌을까?

1판 1쇄 펴냄―2005년 4월 15일, 1판 2쇄 펴냄―2008년 9월 4일
지은이 로버트 윈스턴 옮긴이 권기호 펴낸이 박상희
펴낸곳 (주)비룡소 출판등록 1994. 3. 17.(제16-849호)
주소 135-887 서울시 강남구 신사동 506 강남출판문화센터 4층
전화 영업(통신판매) 515-2000(내선 1) 팩스 515-2007 편집 3443-4318~9
홈페이지 www.bir.co.kr

WHAT MAKES ME ME?
by Robert Winston

Foreword Copyright ⓒ 2004 Robert Winston
Copyright ⓒ 2004 Dorling Kindersely Limited, London
All rights reserved.
Korean Translation Copyright ⓒ 2005 by BIR
Korean translation edition is published by arrangement with Dorling Kindersley Limited.

이 책의 한국어판 저작권은 Dorling Kindersley Limited와 독점 계약한 (주)비룡소에 있습니다.
저작권법에 의해 한국 내에서 보호를 받는 저작물이므로
무단 전재와 무단 복제를 금합니다.

값 15,000원

ISBN 978-89-491-5150-2 73400

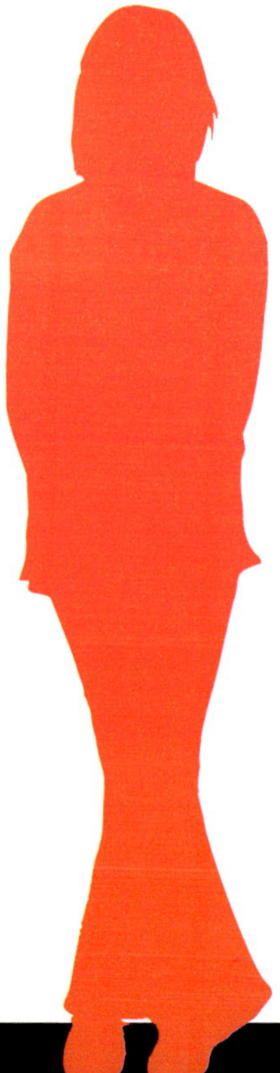

"여러분은 자신이 왜 그렇게 양배추를 싫어하고, 자기 얼굴이 왜 다른 모든 사람들과 다르고, 자신이 왜 이따금 부모님과 정말 똑같아 보이는지에 대해 놀란 적이 있나요? 여러분의 몸과 뇌, 그리고 생각과 행동은 모두 서로 관계가 있답니다. 그리고 여러분은 그것들 덕분에 다른 모든 사람들과 다른 거죠.

이 책은 여러분 각자를 '나' 이게 만드는 모든 것들에 대해 가르쳐 줍니다. 귀 모양과 목소리 음색에서부터 여러분이 정말로 무서워하는 것과 우스워하는 것까지 말이죠. 여러분의 유전자와 성격 그리고 재능이 모두 이 책에 담겨 있답니다. 여러분은 퀴즈도 풀고 자기 테스트도 하면서 그것들에 대해 더 많이 배울 수 있을 거예요. 무엇보다 이 책은 여러분 각자를 '나' 이게 만드는 것들에 대해 재미있게 알아갈 수 있도록 꾸며져 있답니다."

Robert Winston.

차례

 내 몸은 무엇으로 이루어져 있을까?

 어떻게 나는 특별할까?

 뇌는 어떻게 작용할까?

 나는 어떤 사람일까?

 자신을 검사해 보세요

몸의 성분	8	신경계/ 소화계	18
세포	10	호흡계/ 피부와 털	20
신체 부위	12	다섯 가지 감각	22
모두를 엮고 엮어서 하나로/ 골격계	14	우리 몸을 지켜주는 면역계	24
근육계/ 심장혈관계	16		

나만의 특별함	28	나는 어떻게 태어났을까?	38
유전자란 무엇일까?	30	유아/ 어린이 시절	40
나의 유전자는 어디에서 왔을까?	32	청소년 시절	42
유전자 검사를 해 보세요	34		
정말 쌍둥이는 모두 똑같을까?	36		

뇌는 어떻게 작용할까?	46	뇌를 변화시킬 수 있을까?	56
생각은 어디에서 할까?	48	나는 천재일까?	58
왼쪽 아니면 오른쪽?	50	공간 지각력 검사/ 언어 능력 검사	60
기억	52	계산 능력 검사/ 수평적 사고력 검사	62
기억력을 검사해 보세요!	54		

성격을 검사해 보세요	66	왜 무서움을 느낄까?	80
내 성격은 어떨까?	68	특별히 무서워하는 게 있나요?	82
내향적일까, 외향적일까?	70	얼굴을 읽을 수 있을까?	84
내 뇌의 성별은 무엇일까?	72	나의 신체 언어는 무엇일까?	86
여러분은 올빼미인가요? 아니면 종달새인가요?	74	나는 말을 잘하는 편일까?	88
왜 꿈을 꿀까?	76	나의 잠재력은 무엇일까?	90
감정을 마음대로 조절할 수 있을까?	78		

유전자 검사를 해 보세요	34	수평적 사고력 검사	62
기억력을 검사해 보세요!	54	성격을 검사해 보세요	66
공간 지각력 검사	60		
언어 능력 검사	60		
계산 능력 검사	62		

| 단어 설명 | 92 | 검사 해답 | 96 |
| 찾아보기 | 94 | | |

 내 몸은 무엇으로 이루어져 있을까?

우리의 몸은
5,000,000,000,000,000,000,000,000,000개의
원자로 이루어진 엄청나게 복잡한 장치라고
할 수 있어요.

사람들은 적어도 4000년 동안 우리 몸이
어떻게 작동하는지 알아내려고 노력해 왔어요.
그래도 여전히 뇌가 어떻게 작용하는지,
딸꾹질을 왜 하는지 같은 의문들이 많이 남아 있어요.

하지만 우리 몸을 이루고 있는 것들이 무엇인지는
확실히 알아냈어요. 바로 물, 탄소 그리고
어디서나 볼 수 있는 몇 가지 간단한 화학 원소들이에요.
정말로 여러분은 뒤뜰에서 우리의 몸을 만드는 데 필요한
모든 원자들을 찾아낼 수 있어요.

내 몸은 무엇으로 이루어져 있을까?

몸의 성분

가장 간단한 성분들만 가지고 우리 몸을 만든다고 상상해 봐요. 여러분은 '원소'라고 불리는 13가지 화학 물질만 가지고도 몸을 만들 수 있어요. 사람의 몸이라고 해서 특별한 원소가 들어 있는 것은 아니에요. 우리 몸은 **벼룩**에서 **고래**에 이르기까지 다른 모든 생물과 같은 성분으로 이루어져 있어요.

① 산소 : 65%
산소는 대부분 물(H_2O)의 형태로 몸의 3분의 2를 이루고 있어요. 또 숨을 쉴 때마다 공기 속의 산소를 마시죠.

② 탄소 : 18%
우리 몸의 약 5분의 1은 석탄, 다이아몬드, 연필심의 성분과 같은 탄소로 되어 있어요. 몸속에서 탄소 원자들은 모든 분자들의 중심 역할을 하면서 아주 복잡한 긴 사슬로 서로 연결되어 있어요.

③ 수소 : 10%
수소는 우주에 가장 많은 원소이자 가장 작은 원소예요. 수소 기체는 벽을 뚫고 지나갈 수도 있고, 가벼워서 공기 속에서 뜬답니다. 그래서 사람들은 풍선을 띄울 때 수소 기체를 이용해요.

④ 질소 : 3%
우리 몸에는 나무 한 그루에 필요한 비료에 든 만큼의 질소가 있어요. 질소는 근육을 이루는 주요 성분 중 하나이고, 공기 속에는 질소가 가장 많아요.

⑤ 칼슘 : 1.6%
칼슘은 조개껍데기, 분필, 대리석을 단단하게 해 주는 성분이에요. 몸에서는 뼈와 이를 튼튼하게 해 주죠. 또 심장을 뛰게 하고 근육을 움직여요.

물, 인, 철, 염소, 질소, 칼슘, 황, 칼륨

이것들로 사람 몸 하나를

몸의 성분

나트륨
요오드
마그네슘
탄소

만들 수 있죠!

몸속에 다른 성분은 없을까?
완전한 몸을 만들려면 구리, 아연, 망간, 코발트, 리튬, 스트론튬, 알루미늄, 실리콘, 납, 비소도 조금씩 필요해요. 보통 몸에는 90마이크로그램(1마이크로그램=100만분의 1그램)의 우라늄도 들어 있어요.

6 인 : 1%
인은 성냥에 불이 붙게 하는 원소예요. 또 우리의 이와 뼈를 튼튼하게 해 주고, 세포막을 이루며, 몸속에서 에너지를 운반해요.

7 칼륨 : 0.35%
고급 비누는 칼륨으로 만들어요. 또한 칼륨은 몸속 체액의 화학적 균형을 유지해 준답니다.

8 황 : 0.25%
단백질의 중요한 성분인 황은 상처가 났을 때 피가 굳게 해 주죠. 방귀, 썩은 달걀, 죽은 연못에서 나는 지독한 냄새는 바로 황 때문이에요.

9 염소 : 0.15%
표백제로 쓰이는 염소는 위험한 녹색 기체랍니다. 나트륨과 결합해서 염화나트륨, 즉 소금이 되죠.

10 나트륨 : 0.15%
소금인 염화나트륨의 절반은 나트륨이에요. 염화나트륨 때문에 우리 몸의 체액은 거의 바닷물만큼 짜답니다.

11 마그네슘 : 0.05%
불꽃놀이에서 눈부시게 하얀 빛은 마그네슘이 타면서 나는 거예요. 몸속에서 마그네슘은 면역력을 높여 주고 신경을 작동시키며 근육을 수축시켜요.

12 철 : 0.008%
우리 몸속 피에는 손톱 하나만큼의 철이 들어 있어요. 철은 산소와 결합하면 빨갛게 변하죠. 그래서 피와 녹이 빨갛게 보이는 거예요.

13 요오드 : 0.00004%
몸속에는 요오드가 아주 조금밖에 없지만 우리는 요오드가 없이는 살 수 없어요. 올챙이는 요오드가 없으면 개구리로 변할 수 없어요.

 내 몸은 무엇으로 이루어져 있을까?

세포

화학 원소들을 섞기만 해서는 몸을 만들 수 없어요. 그것은 마치 고물상에 강한 바람이 불어와 고물들을 이리저리 날려 점보제트기를 만들어 주기를 바라는 것과 같죠. 건물의 벽돌처럼 우리 몸을 이루는 가장 작은 단위를 세포라고 해요. 세포는 작아서 현미경으로만 볼 수 있어요. 완전한 몸을 만들려면 100조 개의 세포를 모아서, 풀 수 없을 만큼 복잡한 조각 그림 맞추기를 하듯 그것들을 끼워 맞춰야 하죠. 그럼 몇몇 세포들을 살펴볼까요?

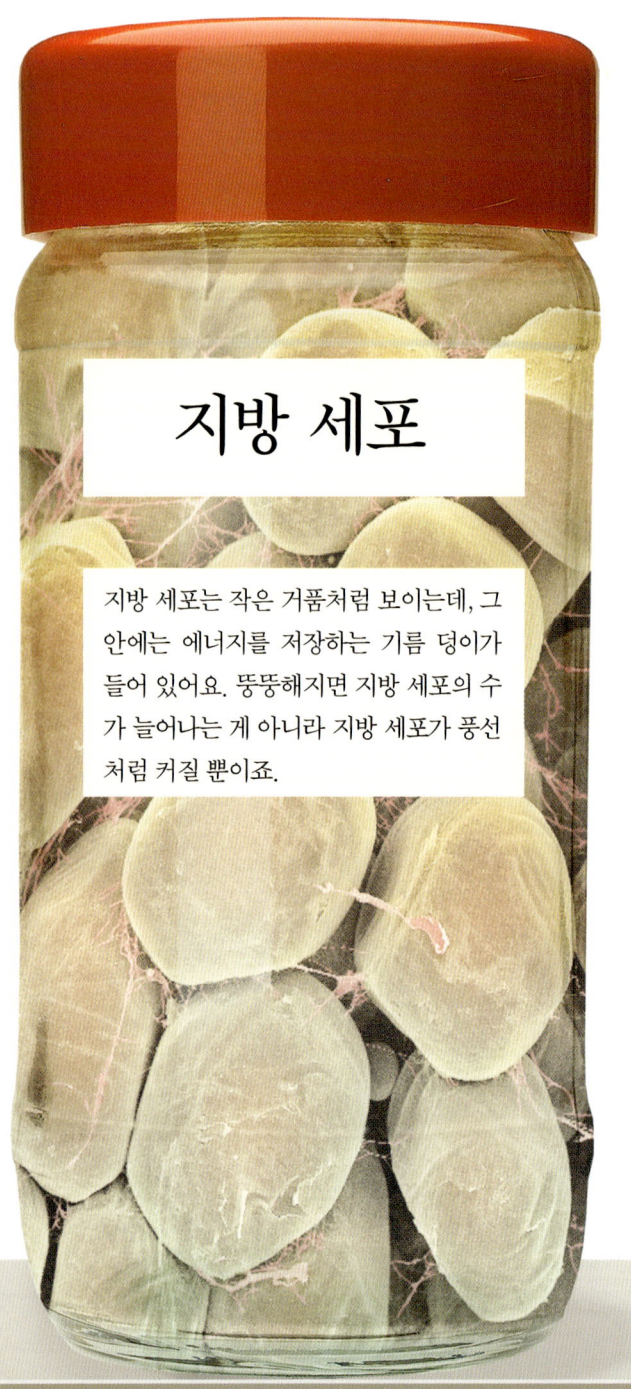

지방 세포

지방 세포는 작은 거품처럼 보이는데, 그 안에는 에너지를 저장하는 기름 덩이가 들어 있어요. 뚱뚱해지면 지방 세포의 수가 늘어나는 게 아니라 지방 세포가 풍선처럼 커질 뿐이죠.

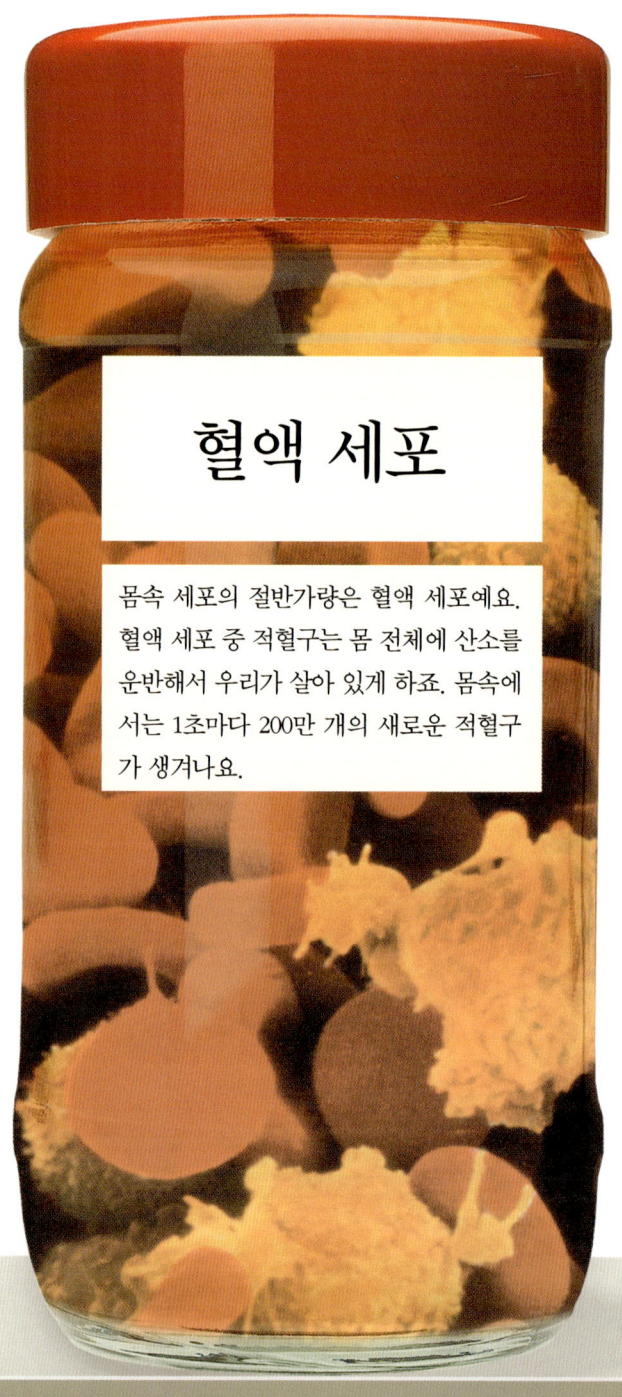

혈액 세포

몸속 세포의 절반가량은 혈액 세포예요. 혈액 세포 중 적혈구는 몸 전체에 산소를 운반해서 우리가 살아 있게 하죠. 몸속에서는 1초마다 200만 개의 새로운 적혈구가 생겨나요.

세포

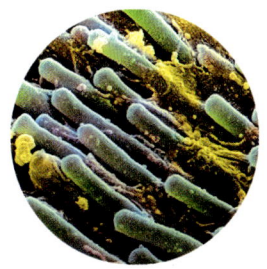
눈 세포
우리가 물체를 볼 수 있는 것은 눈 안쪽의 빛을 감지하는 세포들 덕분이에요.

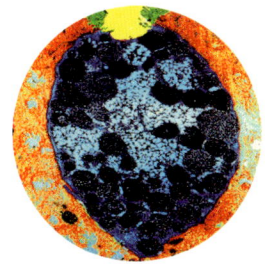
배상 세포
코와 장 속의 끈적거리는 액체인 점액은 배상 세포에서 나온답니다.

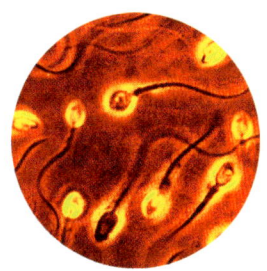
정자(생식 세포)
남성의 정자 하나가 여성의 난자 하나와 결합하면 아기가 만들어져요.

피부 세포
얇은 조각인 피부 세포들이 외부 세계로부터 연약한 몸속을 지켜 준답니다.

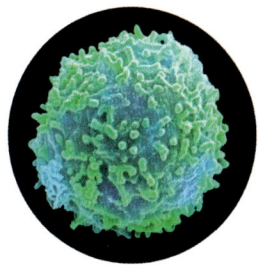
백혈구
이 세포는 돌아다니는 군인 같아요. 세균을 찾아서 죽이는 역할을 하죠.

신경 세포

이 세포들은 몸속의 전화선이라고 할 수 있어요. 이 세포들을 통해 전기 신호들이 한 시간에 수백 킬로미터나 전달되죠. 특히 뇌에는 1000억 개의 신경 세포가 모여 있어요.

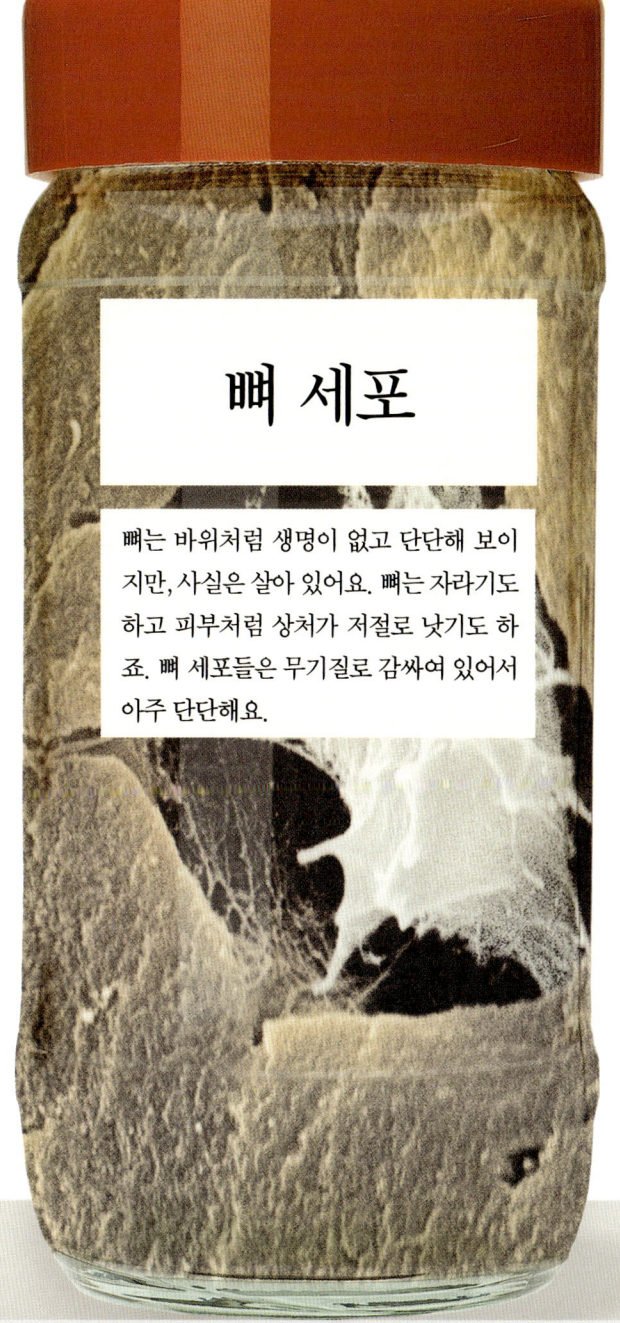

뼈 세포

뼈는 바위처럼 생명이 없고 단단해 보이지만, 사실은 살아 있어요. 뼈는 자라기도 하고 피부처럼 상처가 저절로 낫기도 하죠. 뼈 세포들은 무기질로 감싸여 있어서 아주 단단해요.

내 몸은 무엇으로 이루어져 있을까?

신체 부위

100조 개의 따로 떨어진 세포들로 몸을 만들려면 얼마나 걸릴지 알 수 없어요. 하지만 좀 더 큰 단위로 시작한다면 속도를 높일 수 있을 거예요. 세포는 대개 비슷한 종류의 세포들끼리 모여서 지방, 신경, 근육 같은 조직을

피 9병, 피부 2제곱미터, 털 500만 개, 지방 한 양동이, 뼈 206개,

피

피는 살아가는 데 필요한 물질을 몸 전체에 운반하는 액체 조직이에요. 피는 소금(염), 설탕(당) 그리고 다른 화학 물질들이 섞인 액체로 그 속에는 1조 개의 적혈구가 들어 있어요.

피부

가장 큰 기관인 피부는 몸속이 상처를 입지 않게 보호해요. 피부 표면은 끊임없이 떨어져 나가서 새로운 피부 세포로 바뀐답니다.

털

털은 눈, 입술, 손바닥, 발바닥을 제외한 몸 전체를 뒤덮고 있어요.

지방

우리 몸은 피부 밑이나 내장 주위에 여분의 에너지를 지방으로 저장해요.

허파 2개, 콩팥 2개, 콩팥에 연결된 방광 1개, 위 1개, 장 9미터, 간 1개,

허파

허파는 공기를 들이쉬고 내쉬면서 산소를 피 속의 적혈구에 전달해요.

콩팥

몸에서는 늘 쓰레기 화학 물질이 만들어져요. 콩팥은 그 쓰레기를 걸러내서 오줌으로 바꾼답니다.

방광

콩팥에서 만들어진 오줌은 고무풍선처럼 잘 늘어나는 방광으로 흘러들어가요. 방광은 가득 차면 수축하면서 밖으로 오줌을 내보내죠.

위

위는 음식물을 뒤섞어 위산으로 분해하는 제이(J) 모양의 주머니예요.

만들어요. 그리고 둘 이상의 서로 다른 조직들이 결합해서 심장, 위, 뇌처럼 특별한 역할을 하는 기관을 만들지요. 그러니까 몸을 만드는 데는 조직과 기관이 꼭 필요하겠죠?

뼈를 연결하는 근육 640개, 혈관 10만 킬로미터, 심장 1개,

뼈
뼈는 우리 몸의 형태를 유지하고, 아주 유연한 관절을 이용해 몸을 움직이는 뼈대를 이룬답니다.

근육
근육은 뼈를 끌어당겨 몸을 움직여요. 또한 심장처럼 스스로 운동하는 내장의 벽을 이루기도 하죠.

혈관
피는 혈관을 따라 흘러요. 혈관에는 동맥, 정맥, 모세 혈관이 있죠.

심장
심장은 몸 전체에 피가 돌게 하는 펌프라고 할 수 있어요. 심장 박동은 죽을 때까지 멈추지 않는답니다.

이 32개, 뇌 1개, 눈 2개, 귀 2개, 코 1개만 있으면 몸을 만들 수 있어요.

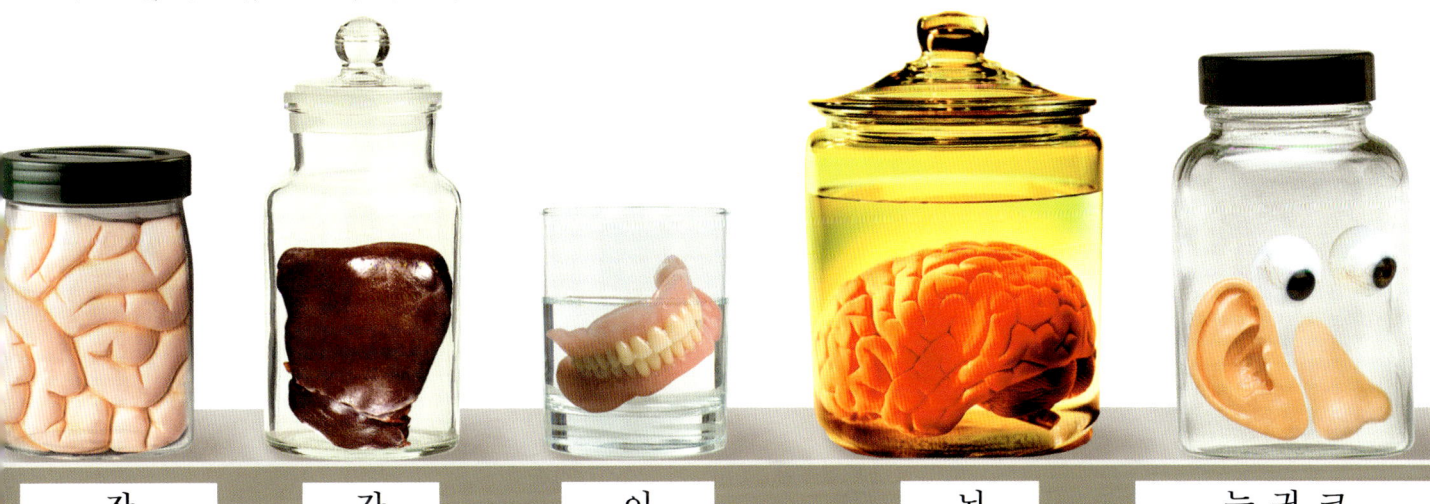

장
이 뒤엉킨 관들은 음식물을 소화해서 피 속으로 흡수될 수 있는 간단한 화학 물질로 바꾸죠.

간
간은 피 속의 화학 물질을 처리하는 화학 공장이라고 할 수 있어요.

이
이는 음식물을 으깨고 짓이겨서 삼키기 쉬운 반죽으로 만들어요.

뇌
뇌는 몸의 조절 중추로서, 가장 똑똑한 부분이에요. 우리는 뇌로 생각하고 기억하고 느껴요.

눈, 귀, 코
눈, 귀, 코는 몸에서 가장 중요한 감각 기관이에요.

 내 몸은 무엇으로 이루어져 있을까?

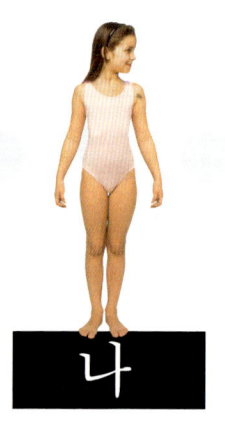
나

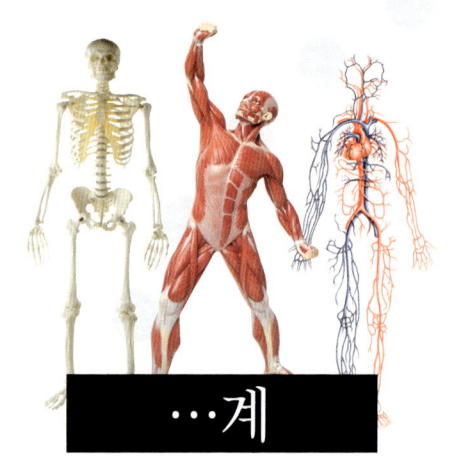
…계

원소

모두를
엮고 엮어서
하나로

기관

세포

일단 신체 부위를 모두 모았다면 지금부터 그것들을 서로 엮을 수 있어요. 원소가 세포를 이루고, 세포가 기관을 이루듯, 기관은 서로 엮여 계를 이루어요. 각각의 계는 저마다 특별한 역할을 하죠. 맨 처음 만들어야 하는 것은 다른 모든 신체 부위를 끼워 맞출 틀인 골격계예요. 그 다음에는 다른 모든 기관들을 골격계에 맞춰 서로 엮은 다음, 전체를 피부로 감싸고 감각 기관을 작동시키면 되죠.

골격계

골격계는 몸의 형태를 유지해 주는 뼈들로 이루어진 몸속 틀이에요. 골격계가 없다면 우리 몸은 젤리처럼 바닥에 힘없이 내려앉고 말겠죠. 몸무게의 25퍼센트는 뼈예요. 그리고 몸 전체의 뼈 206개 중 절반가량은 손과 발에 있어요. 뼈는 관절에서 정교하게 서로 엮여 몸 전체를 움직일 수 있게 한답니다.

뼈도 잘리면 아프고 피가 나요.

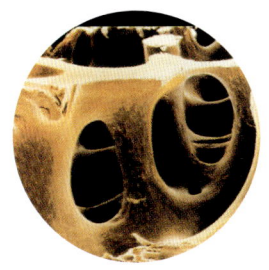

뼈 속에는 무엇이 있을까?
뼈는 우리의 생각만큼 단단하거나 무겁지 않아요. 무게를 줄이고 혈관과 신경이 지나가도록 하기 위해 뼈 안에는 구멍이 숭숭 나 있어요.

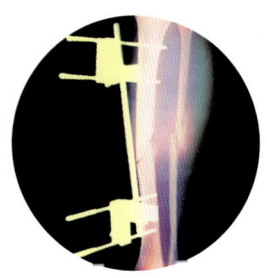

부러진 뼈는 어떻게 나을까?
뼈는 자라기도 하고 피부처럼 상처가 저절로 낫기도 하는 살아 있는 조직이에요. 뼈가 부러지면 새로운 뼈 조직이 빠르게 자라나서 빈 공간을 메우죠. 운동을 하면 뼈 조직이 촘촘해지고 뼈가 튼튼해져요.

관절이란 무엇일까?
관절은 뼈들을 서로 단단히 결합하면서도 일정한 범위만큼 움직일 수 있게 해요. 손가락, 팔꿈치, 무릎의 관절은 대개 경첩처럼 한쪽 방향으로만 움직일 수 있어요.

팔은 어떻게 빙빙 돌릴 수 있을까?
다리와 팔은 각각 엉덩이와 어깨에 절구 관절로 연결되어 있어요. 그래서 팔과 다리를 어느 방향으로든 자유롭게 움직일 수 있죠. 관절 속에는 액체 주머니가 있어서 관절이 부드럽게 움직인답니다.

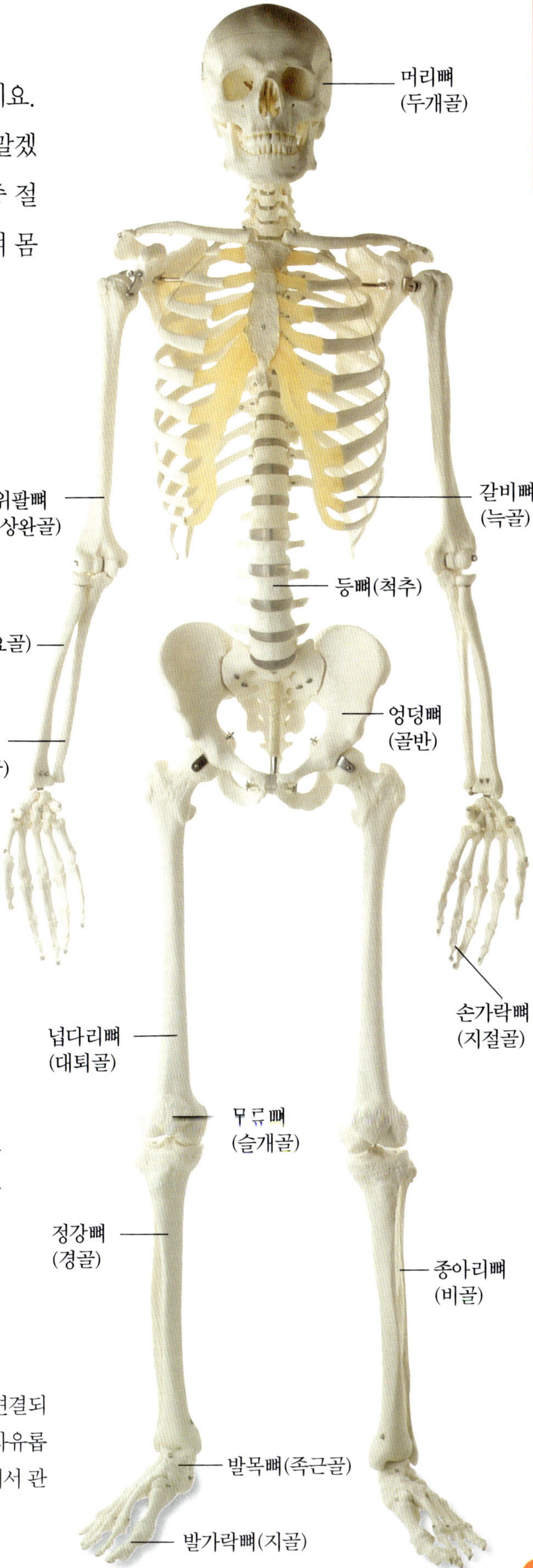

모두를 엮고 엮어서 하나로/ 골격계

- 머리뼈 (두개골)
- 위팔뼈 (상완골)
- 갈비뼈 (늑골)
- 등뼈 (척추)
- 노뼈 (요골)
- 엉덩뼈 (골반)
- 자뼈 (척골)
- 손가락뼈 (지절골)
- 넙다리뼈 (대퇴골)
- 무릎뼈 (슬개골)
- 정강뼈 (경골)
- 종아리뼈 (비골)
- 발목뼈 (족근골)
- 발가락뼈 (지골)

 내 몸은 무엇으로 이루어져 있을까?

근육계

근육은 몸이 움직일 수 있게 해 줘요. 큰 근육들은 뼈를 감싸는데, 힘줄이라고 하는 질기고 단단한 줄에 꽉 매여 있어요. 근육이 수축하면 뼈들을 끌어당겨 뼈대를 움직이죠. 우리 몸에는 약 640개의 근육들이 있어요. 하지만 그중에서 마음대로 움직일 수 없는 근육이 수백 개도 넘는답니다.

몸무게의 약 40퍼센트는 근육이에요.

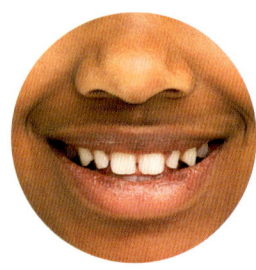

억지로 웃는 웃음
얼굴에 있는 근육 60개는 그다지 마음대로 움직일 수가 없어요. 억지로 웃을 때 움직이는 근육들과 자신도 모르게 웃을 때 진짜로 움직이는 근육들은 서로 다르답니다.

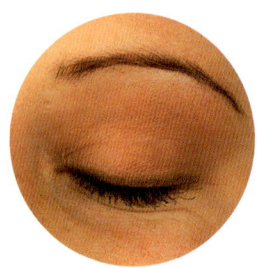

눈 깜박할 사이
가장 빨리 움직이는 근육은 눈꺼풀에 있어요. 눈꺼풀은 눈을 촉촉하게 하기 위해 1분에 약 20번이나 깜박여요.

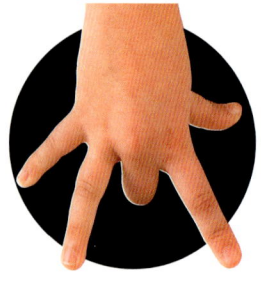

손가락이 들리지 않아!
손을 이 자세로 해서 손가락 끝을 하나씩 들어 보세요. 넷째 손가락인 약손가락은 들리지 않아요. 왜냐하면 가운뎃손가락과 같은 힘줄에 매달려 있기 때문이죠.

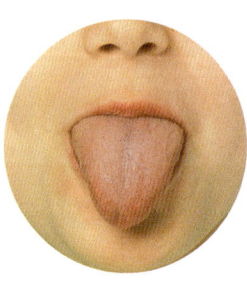

간장 공장 공장장……
몸에서 가장 유연한 근육은 혀예요. 혀는 14개의 근육들이 복잡하게 다발로 엮여 있어서 어느 방향으로든 비틀거나 돌릴 수 있어요.

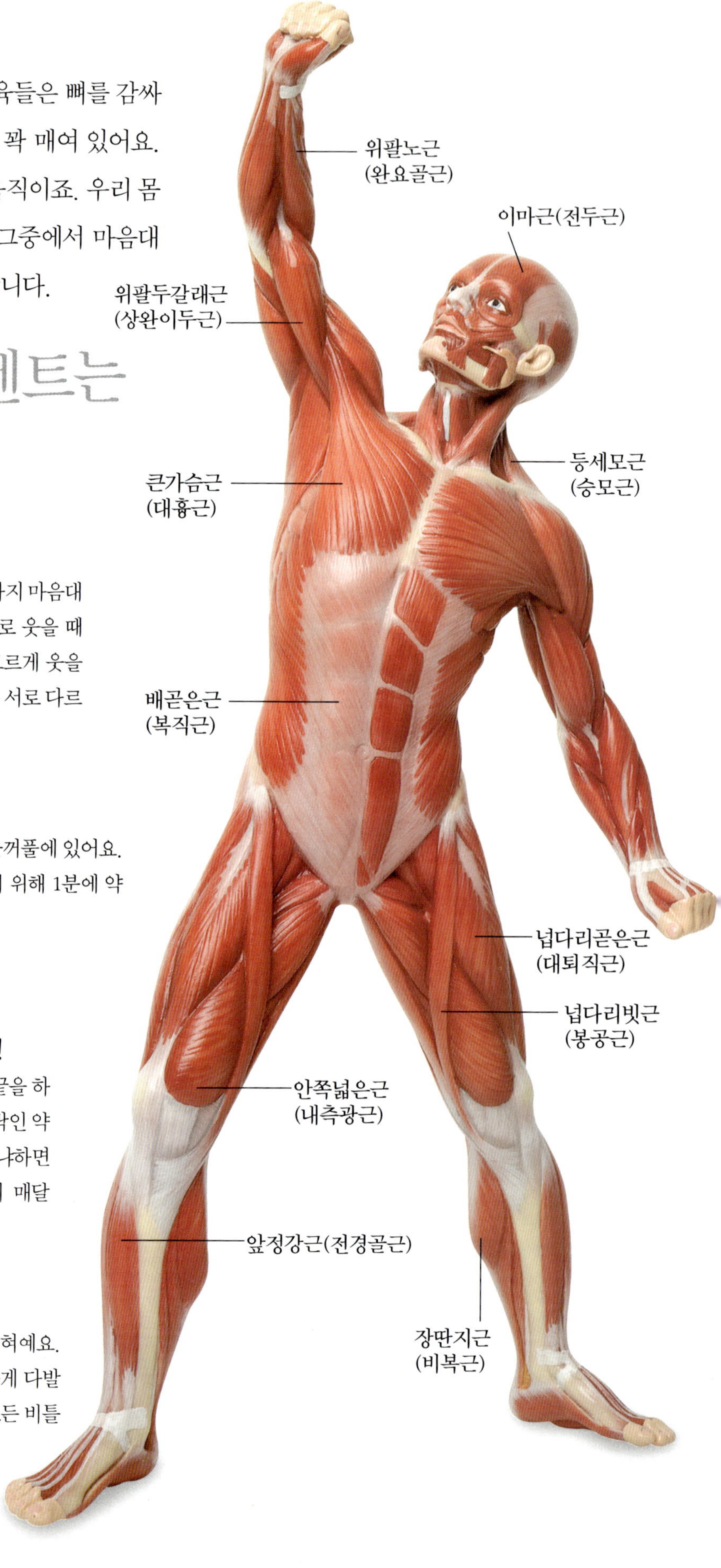

- 위팔노근 (완요골근)
- 이마근(전두근)
- 위팔두갈래근 (상완이두근)
- 큰가슴근 (대흉근)
- 등세모근 (승모근)
- 배곧은근 (복직근)
- 넙다리곧은근 (대퇴직근)
- 넙다리빗근 (봉공근)
- 안쪽넓은근 (내측광근)
- 앞정강근(전경골근)
- 장딴지근 (비복근)

심장혈관계

심장혈관계는 몸속의 운반 체계예요. 심장에서 뿜어져 나온 피는 혈관을 따라 몸 전체를 돌아요. 피는 세포가 필요로 하는 산소와 영양분을 비롯한 모든 화학 물질을 운반하죠. 또한 피는 세균과 싸울 세포도 운반하고, 쓰레기 물질을 콩팥으로 나르기도 하며, 몸이 골고루 따뜻하도록 열도 전달해요. 우리는 몸속의 피를 3분의 1가량 잃어도 여전히 살 수 있지만, 만약 절반을 잃으면 죽게 된답니다.

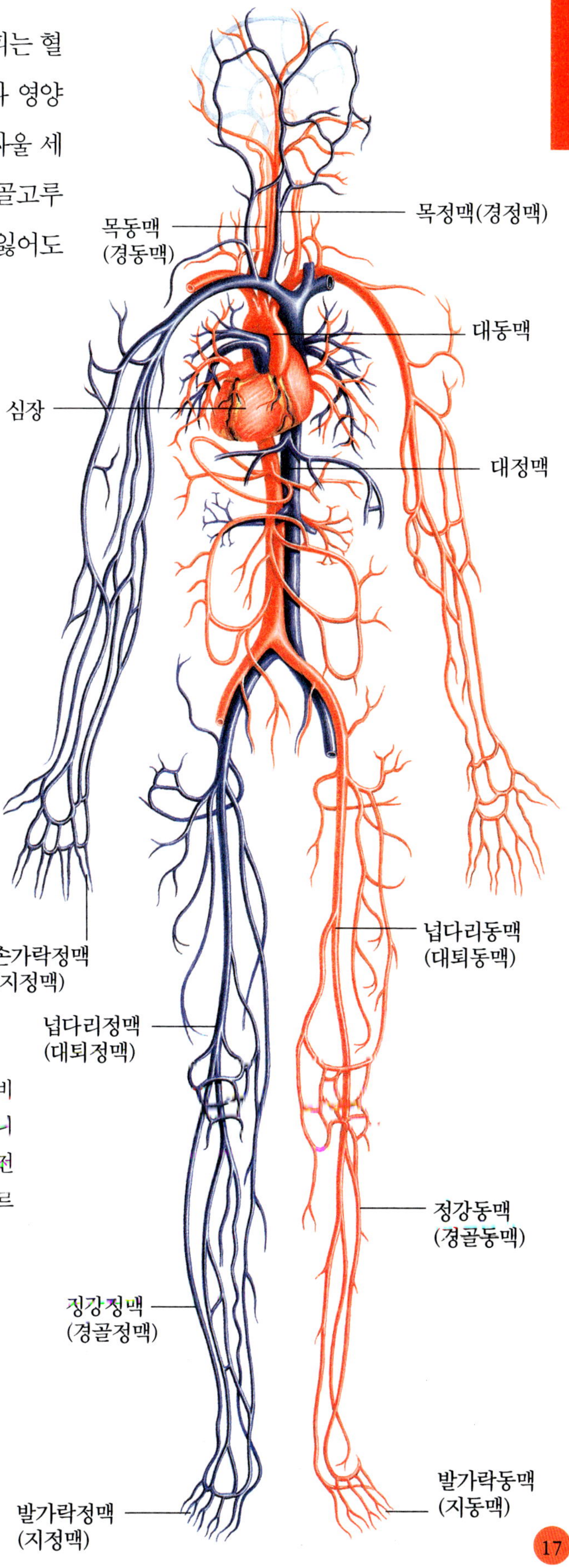

심장은 하루에 약 10만 번이나 뛰어요!

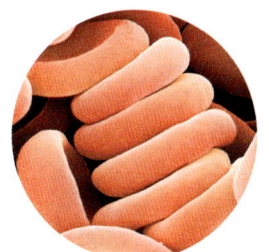

적혈구
피 한 방울에는 약 500만 개의 적혈구가 있어요. 적혈구에는 철이 풍부한 화학 물질인 헤모글로빈이 가득해요. 헤모글로빈은 허파에서 산소와 결합하여 몸 전체의 세포에 산소를 전달해요.

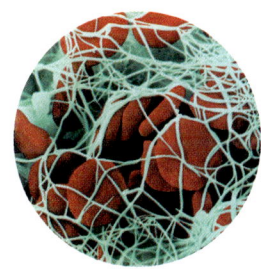

어떻게 피가 멎을까?
몸에 상처가 생겨 피가 나면, 피 속의 화학 물질이 공기와 반응하여 끈적거리는 실그물을 만들어요. 그러면 물고기가 그물에 걸리듯 피 속의 세포들이 실그물에 갇혀 핏덩어리를 이루죠. 이 핏덩어리가 말라서 딱지가 된답니다.

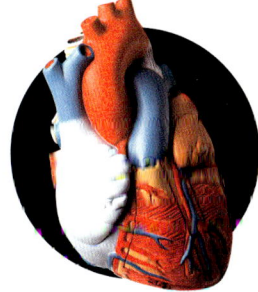

심장
속이 빈 공 모양의 심장은 근육으로 되어 있어요. 비록 주먹만 한 크기이지만 수많은 일을 한답니다. 심장은 한 번 뛸 때마다 한 컵 정도의 피를 몸 전체로 뿜어내죠. 동맥에는 심장에서 나온 피가 흐르고, 정맥에는 심장으로 들어가는 피가 흘러요.

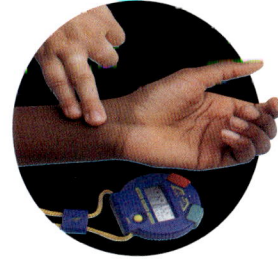

맥박
맥박은 심장이 뛸 때마다 피가 강하게 흘러서 생기는 압력이에요. 보통 맥박은 1분에 70번 정도 뛰지만, 흥분하면 200번까지도 뛰어요.

- 목동맥(경동맥)
- 목정맥(경정맥)
- 대동맥
- 심장
- 대정맥
- 손가락정맥(지정맥)
- 넙다리동맥(대퇴동맥)
- 넙다리정맥(대퇴정맥)
- 정강동맥(경골동맥)
- 정강정맥(경골정맥)
- 발가락동맥(지동맥)
- 발가락정맥(지정맥)

내 몸은 무엇으로 이루어져 있을까?

신경계

신경계 덕분에 우리 몸은 외부 세계에 빛의 속도로 반응할 수 있어요. 신경계는 몸에서 복잡한 전깃줄 같은 역할을 하지만, 전깃줄이 전력을 전달하는 것과 달리 신경계는 정보를 전달해요. 신경계의 조절 중추는 뇌예요. 뇌는 감각 기관에서 신호를 받아들여 정보를 처리한 다음, 몸이 어떻게 반응해야 할지를 새로운 신호로 내보내요.

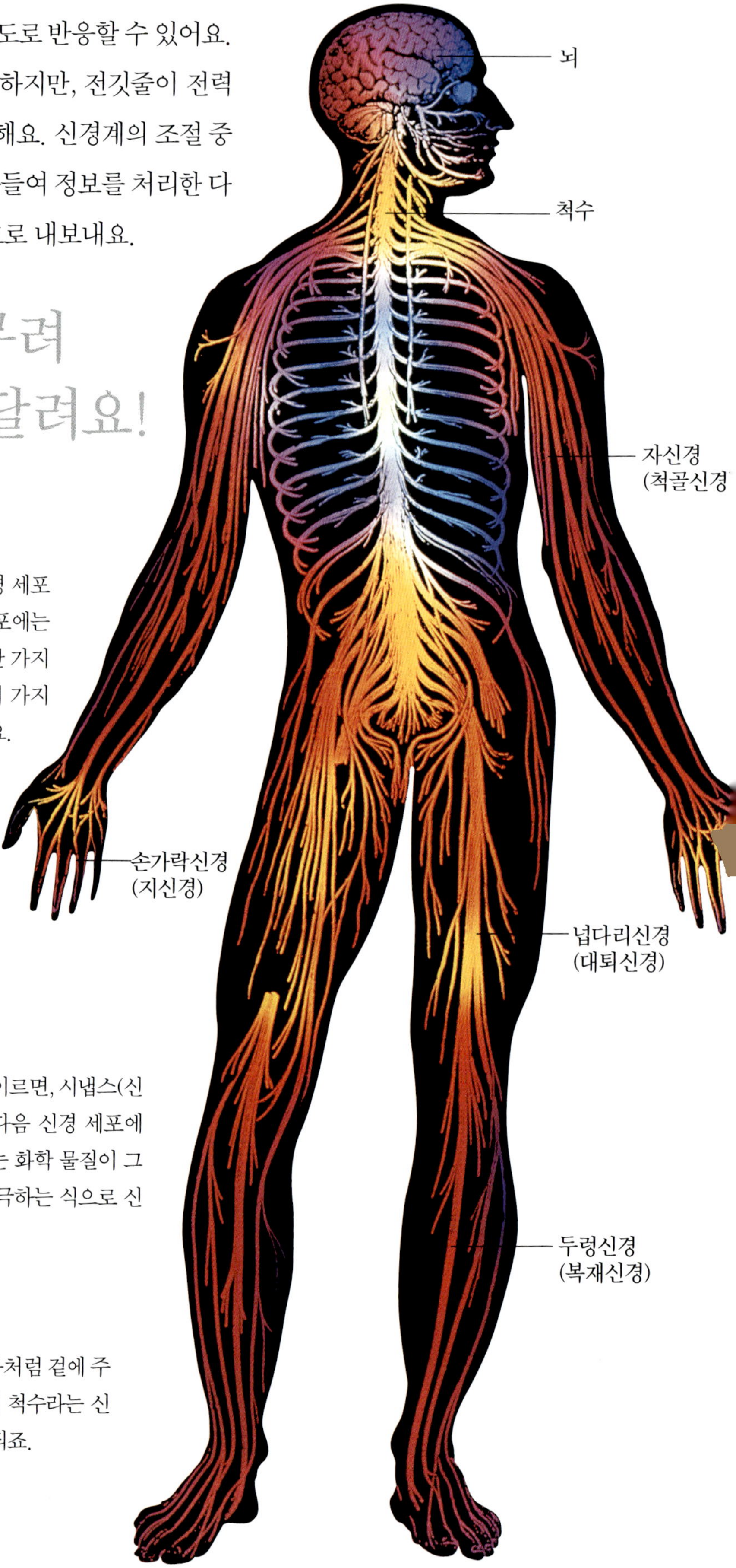

신호는 신경을 따라 무려 시속 400킬로미터로 달려요!

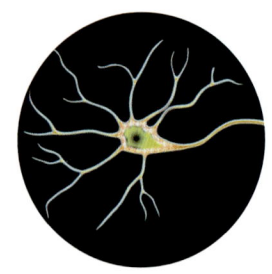

신경 세포란 무엇일까?
신경계는 뉴런이라 불리는 신경 세포로 이루어져 있어요. 신경 세포에는 전기 신호를 전달하는 가느다란 가지들이 있어요. 어떤 신경 세포의 가지는 길이가 2미터 가까이 된대요.

신경
신경은 몸에서 중요한 연락망으로, 수백 개의 신경 섬유가 몸 구석구석까지 뻗어 있어요.

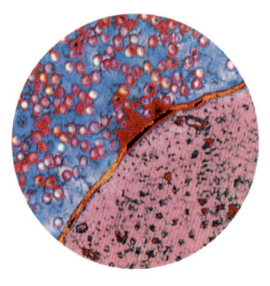

신호 전달
전기 신호가 신경 세포의 끝에 이르면, 시냅스(신경 간극)라는 좁은 틈을 거쳐 다음 신경 세포에 전달돼요. 신경 전달 물질이라는 화학 물질이 그 틈을 건너 다음 신경 세포를 자극하는 식으로 신호가 계속 이어지는 거죠.

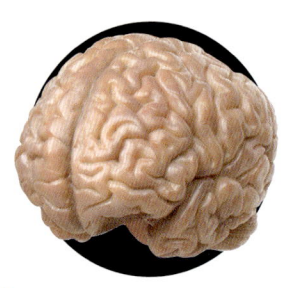

뇌
뇌는 코코넛만 한 크기이고 호두처럼 겉에 주름이 져 있어요. 뇌는 등뼈 속의 척수라는 신경을 거쳐 온몸의 신경과 연결되죠.

- 뇌
- 척수
- 자신경 (척골신경)
- 손가락신경 (지신경)
- 넙다리신경 (대퇴신경)
- 두렁신경 (복재신경)

소화계

우리가 먹는 음식물은 소화계를 지나가요. 소화계는 몸속에 길고 복잡하게 이어진 관인데, 배 속의 대부분을 차지하죠. 소화 기관에서는 효소라는 놀라운 화학 물질이 나와요. 효소는 음식물의 큰 분자들을 아주 작은 조각으로 잘라서 우리 몸이 흡수할 수 있게 한답니다.

음식물이 몸속을 지나가는 데에는 18~30시간이 걸린대요!

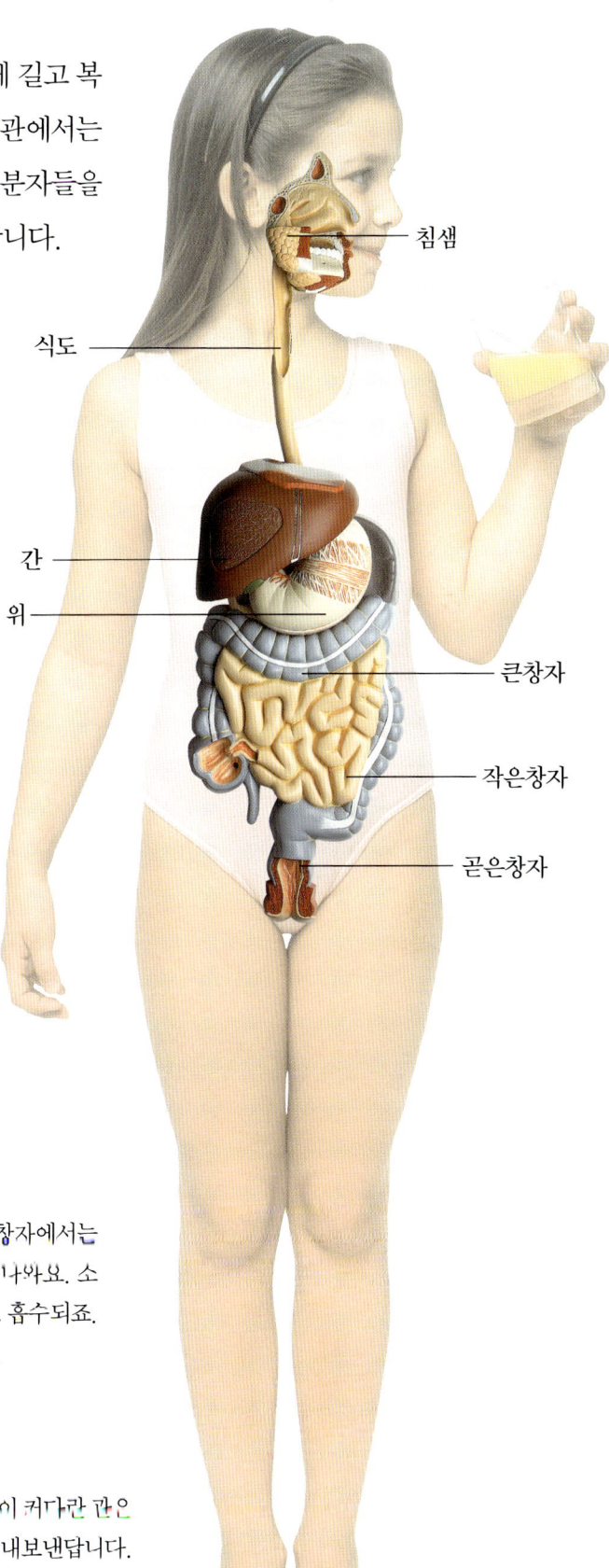

- 침샘
- 식도
- 간
- 위
- 큰창자
- 작은창자
- 곧은창자

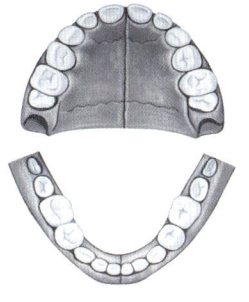

이
이는 우리 몸에서 가장 단단해요. 이는 음식물을 부수어 침과 섞는 일을 하죠. 침에는 소화 효소가 들어 있어요. 사람들은 대부분 21살까지 32개의 이를 갖게 되죠.

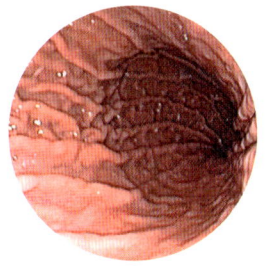

위
위는 음식물이 들어오면 쭉 늘어나요. 위는 음식물을 위산과 효소로 뒤섞어 걸쭉하고 크림 같은 액체로 바꾼답니다. 음식물은 위에서 4시간까지 머물러요.

작은창자
작은창자는 길고 꼬불꼬불한 관이에요. 작은창자에서는 음식물을 소화하는 데 필요한 다양한 효소가 나와요. 소화된 음식물은 융모라는 가늘고 짧은 관으로 흡수되죠. 음식물은 작은창자에서 6시간까지 머물러요.

큰창자
소화되지 않은 찌꺼기는 큰창자로 내려가요. 이 커다란 관은 찌꺼기에서 수분을 흡수하고 나서 몸 밖으로 내보낸답니다. 큰창자에는 몸에 해롭지 않은 세균들이 엄청나게 많아요. 이 세균들이 비타민 흡수를 도와줘요.

내 몸은 무엇으로 이루어져 있을까?

호흡계

우리 몸의 모든 세포는 살아 있기 위해 공기 속의 산소가 필요해요. 호흡계는 산소를 흡수해서 피 속에 전달하죠. 호흡계의 중심 기관은 허파예요. 허파는 숨을 쉴 때마다 공기를 들이키죠. 허파는 커다란 스펀지 같지만, 스펀지와 달리 물이 아니라 공기를 흡수해요.

허파는 하루에 2만 3000번이나 숨을 들이쉬고 내쉬어요!

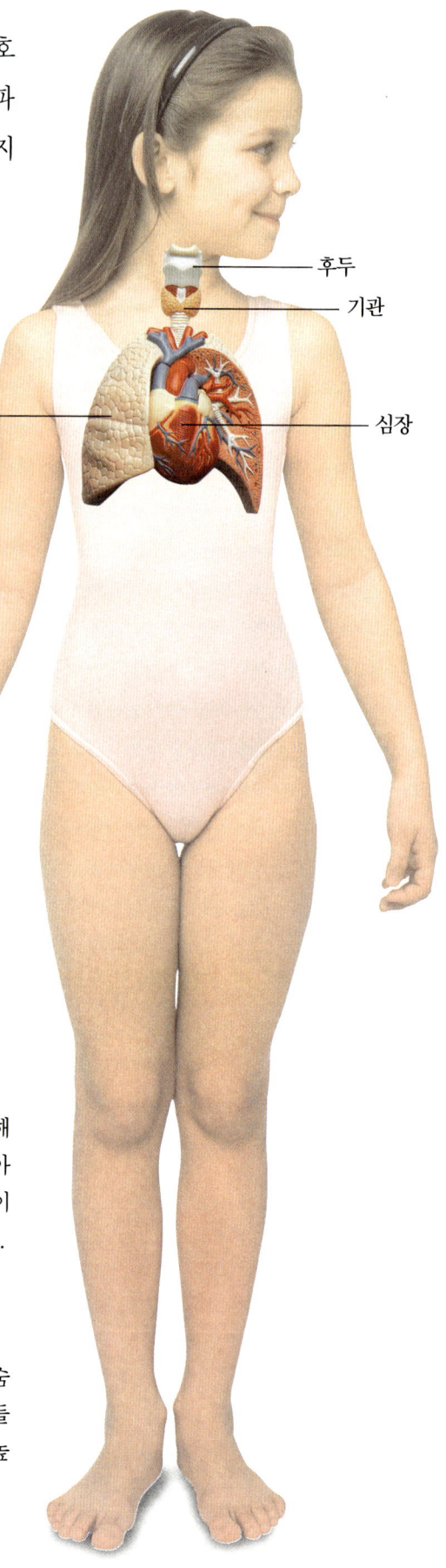

후두
기관
허파
심장

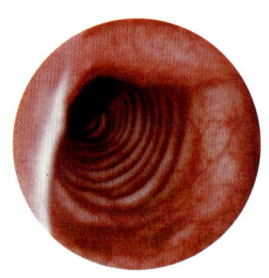

들숨과 날숨
공기는 기관이라는 목 안의 관을 통해 드나들어요. 기관은 점점 더 작은 기관지로 갈라져서 허파 전체에 공기가 지나가는 미로를 이룬답니다.

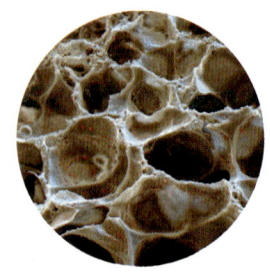

허파꽈리
허파 속의 공기 통로는 허파꽈리라는 아주 작은 공기 주머니까지 이어져요. 피는 허파꽈리를 지나면서 산소를 흡수하고 이산화탄소라는 찌꺼기를 버린답니다. 허파에는 약 600만 개의 허파꽈리가 있어요. 허파꽈리를 모두 펼치면 아마 테니스장만 할 거예요.

기침과 재채기
공기 속에는 먼지와 세균이 있어서 허파는 그것을 없애려 해요. 그래서 우리 몸은 기침과 재채기를 해서 그것들을 내쫓아요. 또한 기관에서는 먼지를 붙잡기 위해 끈적거리는 점액이 나와요. 그 점액은 기관 입구로 옮겨져서 소화계로 넘어가죠.

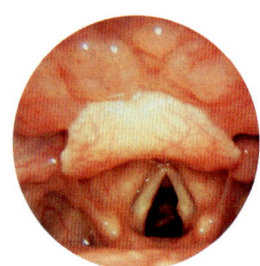

목소리
목소리는 기관의 꼭대기에 있는 후두라는 부위에서 나와요. 숨을 내쉬면 공기가 두 개의 작은 조직 사이를 지나가요. 이것들이 팽팽해지면 떨려서 소리가 나는데, 더 팽팽해질수록 더 높은 소리가 난답니다.

피부와 털

피부는 전체 넓이가 약 2제곱미터이고, 먼지, 세균, 추위, 상처로부터 몸을 보호해요. 이 거칠고 물이 스며들지 않는 살갗 층은 가장 큰 감각 기관이에요. 여기에는 촉각, 통각, 열감을 느끼는 신경이 많아요. 가장 바깥층 피부는 계속 떨어져 나가서 한 달에 한 번씩 완전히 새로운 것으로 바뀐답니다.

우리 몸의 표면은 전부 죽어 있어요!

지문은 왜 있을까?
손가락 끝마디의 손바닥 쪽은 소용돌이무늬의 피부로 덮여 있어서 물건을 쥐기에 좋아요. 지문을 그리는 융선의 작은 구멍들에서 나오는 땀과 기름 덕분에 물건을 미끄러지지 않고 더욱 쉽게 쥘 수 있죠.

피부 갈이
피부의 표면은 거칠고 말라붙은 죽은 피부 조각으로 되어 있어요. 이 조각들은 끊임없이 떨어져나가죠. 하루에 약 100만 개의 조각들이 알게 모르게 떨어진답니다. 집 먼지의 대부분은 오래된 피부 조각들이에요.

굵은 털, 가는 털
머리 위에 난 굵은 털들은 너를 따뜻하게 보호해요. 몸의 나머지 부분들을 덮고 있는 털들은 대부분 가늘죠. (우리 몸에는 침팬지만큼이나 털이 많아요.) 각각의 털은 추울 때 일으켜 세워주는 작은 근육에 묶여 있어요.

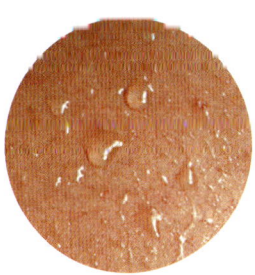

땀과 냄새
우리 몸은 하루에 적어도 250밀리리터 정도의 땀을 흘려요. 피부에서는 두 가지의 땀이 나와요. 체온을 조절해 주는 에크린 땀과 몸 냄새를 나게 하는 아포크린 땀이에요. 청소년이 되면 아포크린 땀샘에서 더 많은 아포크린 땀이 나온답니다.

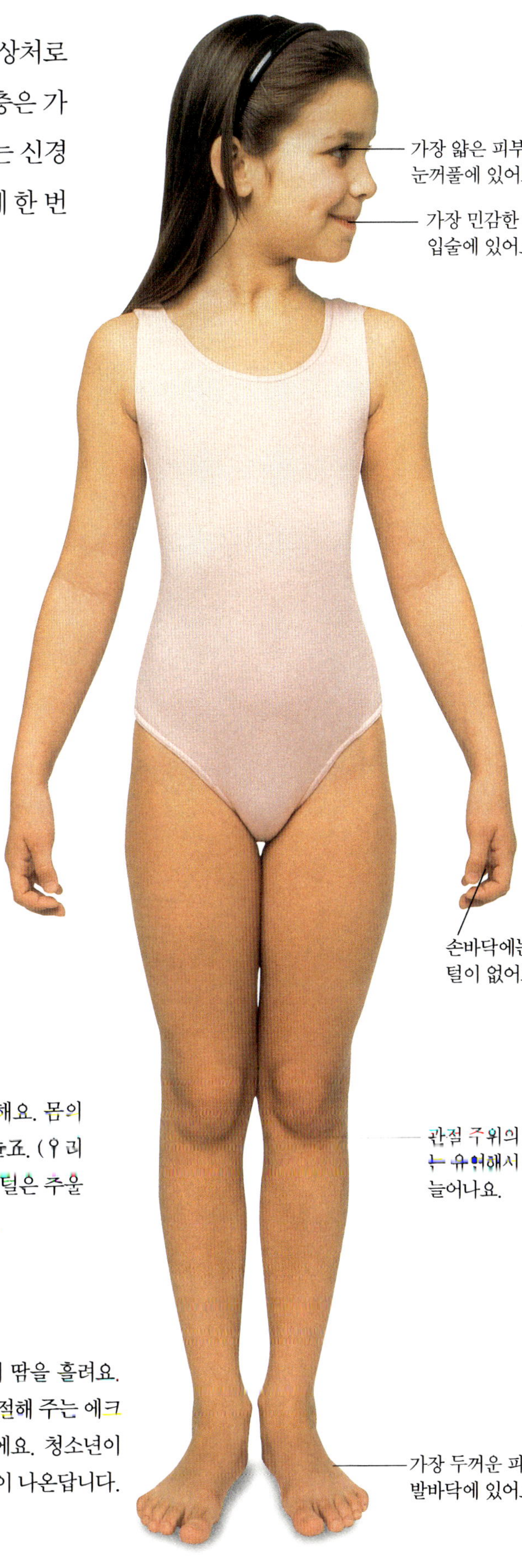

호흡계/ 피부와 털

가장 얇은 피부는 눈꺼풀에 있어요.

가장 민감한 피부는 입술에 있어요.

손바닥에는 털이 없어요.

관절 주위의 피부는 유연해서 잘 늘어나요.

가장 두꺼운 피부는 발바닥에 있어요.

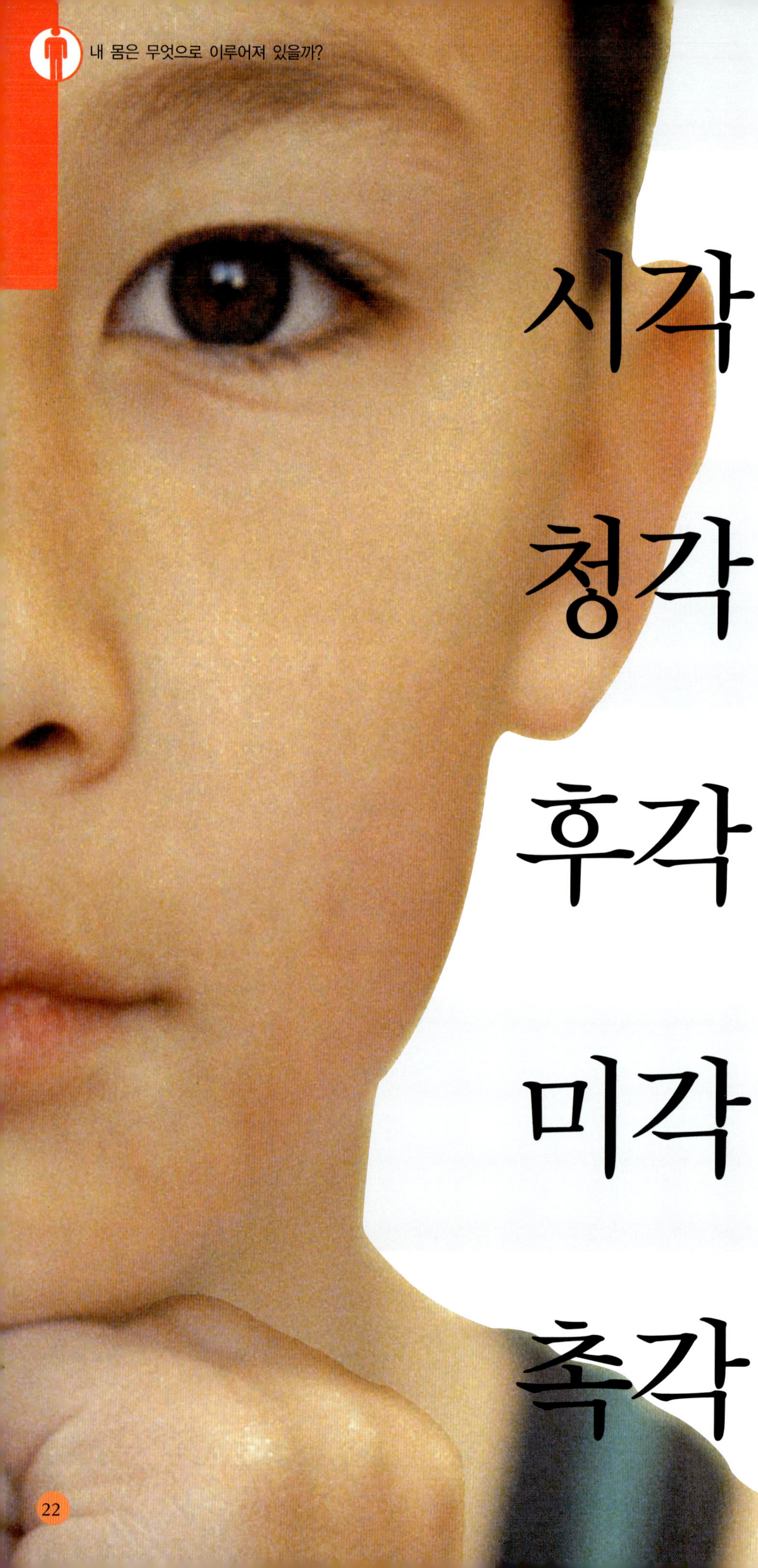

내 몸은 무엇으로 이루어져 있을까?

시각

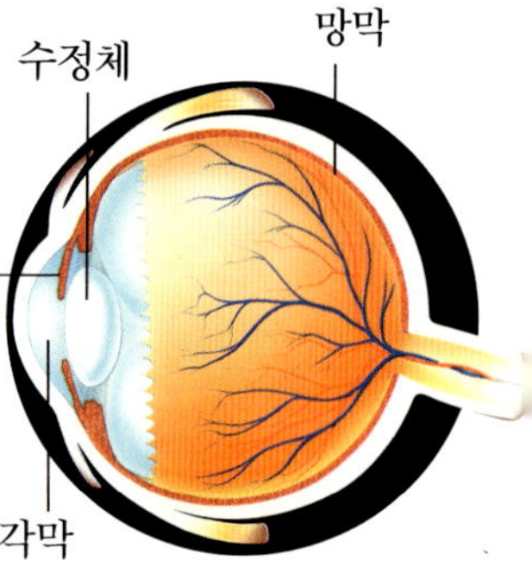

청각

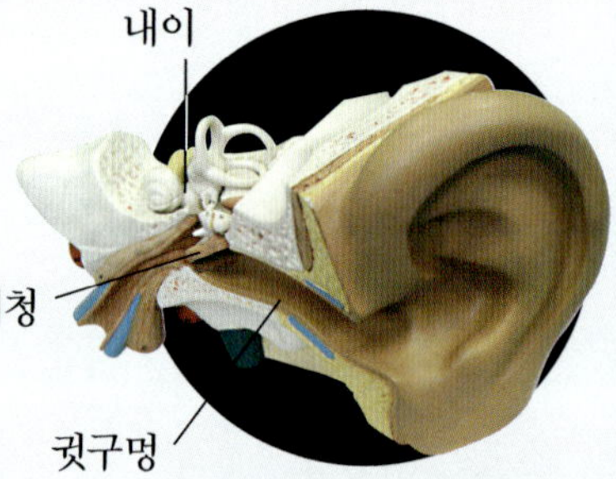

후각

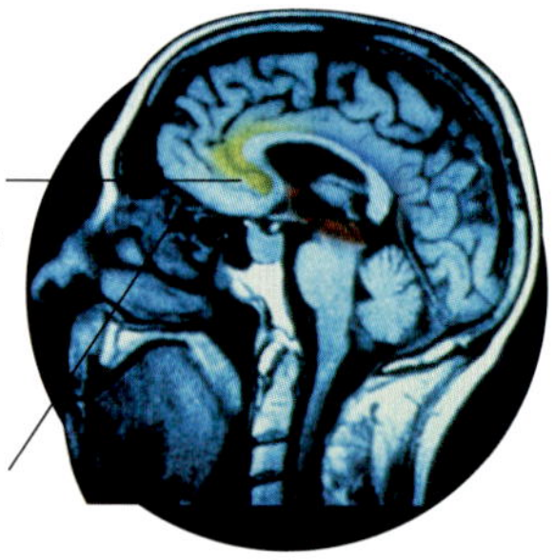

미각

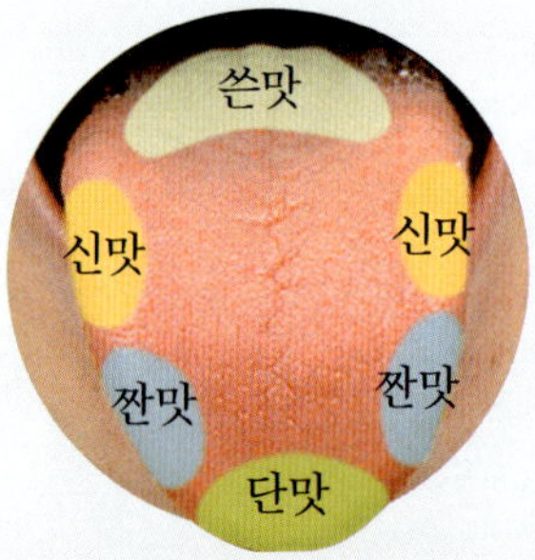

촉각

다섯 가지 감각

시각은 가장 중요한 감각이에요. 우리는 대부분의 다른 동물들보다 더 많은 색깔을 볼 수 있고 더 자세하게 볼 수 있어요. 하지만 어둠 속에서는 거의 볼 수 없어요. 눈은 지름이 약 2.5센티미터인데, 카메라처럼 작동하는 투명한 젤리 구슬이라고 할 수 있어요. 빛이 눈동자로 들어오면 망막에 초점이 맞춰져요. 망막은 눈동자 안쪽에 있는데, 빛에 민감한 세포들로 이루어진 막이에요. 이 세포들은 빛의 색깔과 세기를 알아내서 뇌에 신호를 보낸답니다. 그러면 물체의 모습이 보이게 되죠.

청각은 보이지 않는 공기의 떨림인 소리를 느끼는 감각이에요. 양쪽 귓바퀴는 소리를 모아서, 그 소리가 어디에서 나는 것인지 알게 해요. 소리가 가는 관을 따라 중이(가운데귀)에 이르면, 지렛대 모양의 뼈 3개와 귀청이 공기의 떨림을 내이(속귀)로 전달해요. 그러면 내이에 있는 신경 세포가 뇌에 신호를 보내죠.

후각은 공기 속의 냄새 분자를 느끼는 감각이에요. 후각은 우리의 생각보다 훨씬 중요해요. 음식의 먹음직스러움은 미각보다 후각으로 더 많이 느끼죠. 보통 사람은 약 4000가지의 서로 다른 냄새를 맡을 수 있어요. 그리고 훈련을 하면 1만 가지 냄새도 맡을 수 있어요. 콧구멍 속의 후각 세포는 냄새 분자가 와 닿으면 무슨 냄새인지 가려내죠. 그런 다음에 그 냄새를 신호로 바꾸어 신경을 거쳐 뇌에 전달하는 거예요.

미각은 입 안에 있는 간단한 화학 물질을 느끼는 감각이에요. 음식을 씹을 때 작은 화학 물질들이 침에 분해되어 미뢰(맛봉오리)에 닿으면 맛이 구별돼요. 미뢰는 주로 혀 위에 있어요. 우리는 혀의 서로 다른 부위에서 단맛, 짠맛, 쓴맛, 신맛을 느낄 수 있어요. 또 미뢰는 글루탐산이라는 화학 물질을 찾아낼 수 있어요. 글루탐산은 음식 맛을 구수하고 맛있게 느끼도록 해 주죠.

촉각은 소뮤에서 느낄 수 있어요. 우리 몸의 촉각은 다양한 촉감을 구별해요. 예를 들면 살짝 눌리는 느낌, 세게 눌리는 느낌, 머리카락이 스치는 느낌, 떨리는 느낌 같은 게 모두 달라요. 촉감은 뭔가 움직이는 것을 느끼는 거죠. 우리는 주로 손가락, 입술, 혀를 이용해 물체의 촉감을 느낀답니다. 심지어 주머니 속의 동전을 보지 않고 촉감만으로 구별할 수도 있어요.

다른 감각도 있을까?

우리 몸에는 다섯 가지 감각뿐 아니라 다른 감각도 있어요. 아래에서 몇 가지 특별한 감각을 살펴봐요.

중력 감각

내이 안에는 평형모래(평형석)라는 중력 감각기가 있어요. 이것은 몸의 균형을 잡아 주고 올라가거나 내려가는 느낌을 뇌에 전달하죠.

운동 감각

내이 안에는 몸이 어느 방향으로 움직이는지를 느끼는 운동 감각기도 있어요. 몸이 빙글빙글 돌면 운동 감각기s가 제대로 작동하지 못해 어지럼을 느끼게 되죠.

온도 감각

피부 전체에 퍼져 있는 열 감각기는 따뜻함이나 차가움을 느껴요. 심지어 물체에 직접 닿지 않고도 느낄 수 있어요. 입술과 혀는 온도에 가장 민감해요.

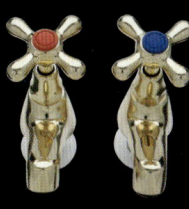

통각

통각은 상처를 입어서 느끼는 특별한 감각이에요. 통각을 느끼면 상처가 난 부위를 조심하게 되죠. 상처 부위의 가려움은 촉감과 통각이 뒤섞여서 생기는 느낌이에요.

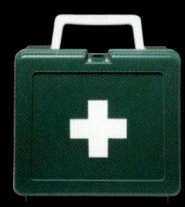

근육 감각

근육에는 근육이 늘어나거나 줄어드는 것을 알아차리는 감각기가 있어서, 이것은 몸의 이느 부위가 무슨 운동을 하고 있는지를 뇌에 전달해요. 이 감각기 덕분에 우리는 몸 전체를 하나로 느낄 수 있어요. 이것이 없으면 우리는 가만있지도 못하고, 돌아다니지도 못하고, 물건을 들지도 못해요.

 내 몸은 무엇으로 이루어져 있을까?

여러분은 무엇에 알레르기를 일으키나요?

| 꽃가루 | 집 먼지 | 진드기 똥 | 고양이 털 | 땅콩 | 밀가루 음식 | 바퀴벌레 똥 |

묻고 답하기

왜 기침이나 재채기를 할까?
세균이 코와 입으로 들어오면 몸은 그것들을 없애려고 해요. 기침이나 재채기를 하면 세균이 강한 바람에 휩쓸려 허파와 기관에서 쫓겨나죠. 구토나 설사는 위나 장까지 내려간 세균을 내쫓는 방법이에요.

살이 베이면 왜 부어오를까?
세균이 피부 속으로 들어가면, 금세 백혈구가 세균을 찾아내죠. 백혈구가 히스타민이라는 화학 물질을 내놓으면 피가 상처 부위로 몰려들어요. 그러면 피가 가득한 상처 부위는 염증이 생겨서 발갛게 부어오르고 열이 나고 유난히 아프게 느껴져요. 반드시 상처를 입어야만 피부에 염증이 생기는 것은 아니에요. 염증이 생기는 것은 그저 면역계가 자기 역할을 하기 때문이죠.

항체는 무슨 일을 할까?
항체란 세균을 가려내서 그 세균에 달라붙는 분자예요. 체액 속에는 모양이 서로 다른 수백만 개의 항체가 떠다녀요. 항체는 표면 분자의 모양이 자기에게 꼭 들어맞는 세균을 만나면, 그 분자에 찰싹 달라붙어요. 그러면 백혈구가 그 세균을 공격한답니다.

우리 몸을 지켜주는 면역계

재채기를 하거나, 기침을 하거나, 구토를 할 때마다 또는 긁히거나, 물리거나, 베이거나, 붓거나, 뾰루지가 나거나, 여드름이 나거나, 감기에 걸리거나, 배탈이 나거나, 콧물이 나오거나, 설사를 하거나, 체온이 갑자기 오를 때마다 우리 몸에서는 면역계가 제대로 작동하고 있는 거예요.

면역계는 항상 세균을 찾는답니다. 그래서 세균을 가려내고 죽이거나 몸 밖으로 내쫓기 위해 온갖 일을 다 하죠. 통증도 면역 반응의 하나예요. 통증은 "상처에 손대지 마!"라는 명령과 같아요.

여러분 각자와 면역계가 같은 사람은

우리 몸을 지켜주는 면역계

     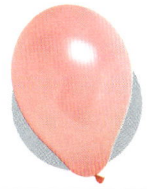 

| 벌레 물림 | 곰팡이 홀씨 | 조개 | 독초 옻나무 | 페니실린 | 고무 | 세제 |

왜 알레르기를 일으킬까?

면역계는 바이러스부터 살 파먹는 구더기까지 수천 가지의 다양한 침입자들과 맞선답니다. 이렇듯 하는 일이 험하다 보니 실수도 해요. 가끔 면역계는 해롭지 않은 물질(알레르겐)을 세균으로 착각하여 공격해요. 그래서 알레르기와 천식이 생기는 거예요. 아주 깨끗한 집에서 자랄수록 알레르기를 일으키기가 쉬워요. 왜냐하면 깨끗한 집에서는 면역계가 실제 세균들을 만나 튼튼해질 기회가 적기 때문이에요.

알레르기의 증상은 알레르겐이 몸의 어느 부위에 닿느냐에 따라 달라요.

기관
먼지나 꽃가루를 들이마셔서 재채기, 기침, 호흡 곤란이 생길 수 있어요.

입
음식 알레르기가 일어나서 입이 따끔거리거나 입술과 혀가 부어오를 수 있어요.

피부
알레르기를 일으키는 물질에 닿으면 뾰루지나 물집이 생길 수 있어요. 알레르기 때문에 생기는 뾰루지는 동그랗게 부어오르고 그 주변이 빨갛게 충혈돼요.

소화계
알레르겐을 삼키면, 소화계는 세균이 들어온 것처럼 반응해서 모든 음식물을 내쫓아요. 그러면 복통이 생기거나, 구토나 설사를 할 수도 있어요.

묻고 답하기

과연 면역계가 자신을 공격할까?
면역계는 분자 이름표가 없는 자기 몸의 세포를 공격하기도 해요. 이 이름표는 '주요 조직 적합성 복합체(MHC)'라는 단백질로 되어 있어요. 이 이름표가 서로 같은 사람은 거의 없어요.

성별이 면역계와 관계있을까?
세균은 아주 빨리 수가 늘어나며 모습도 변하죠. 몇몇 새로운 세균들은 '주요 조직 적합성 복합체' 단백질을 흉내 내서 면역계를 뚫고 들어와요. 사람이 남성과 여성으로 양성 생식을 하는 이유 중 하나는 이러한 세균들을 이기기 위해서예요. 양성 생식을 하면 모든 사람들이 서로 다른 '주요 조직 적합성 복합체' 단백질을 갖게 되죠.

사랑의 향기를 맡을 수 있을까?
일부 과학자들은 우리가 본능적으로 자식에게 다양한 '주요 조직 적합성 복합체' 단백질을 물려줄 수 있는 결혼 상대를 고른다고 생각해요. 그래야 면역계가 더 강해지니까요. 우리는 냄새로 상대를 고르는 것 같아요. 대개 사람들은 '주요 조직 적합성 복합체' 유전자가 자기와 아주 다른 상대의 몸 냄새를 더 좋아한답니다.

이 세상에 한 명도 없어요!

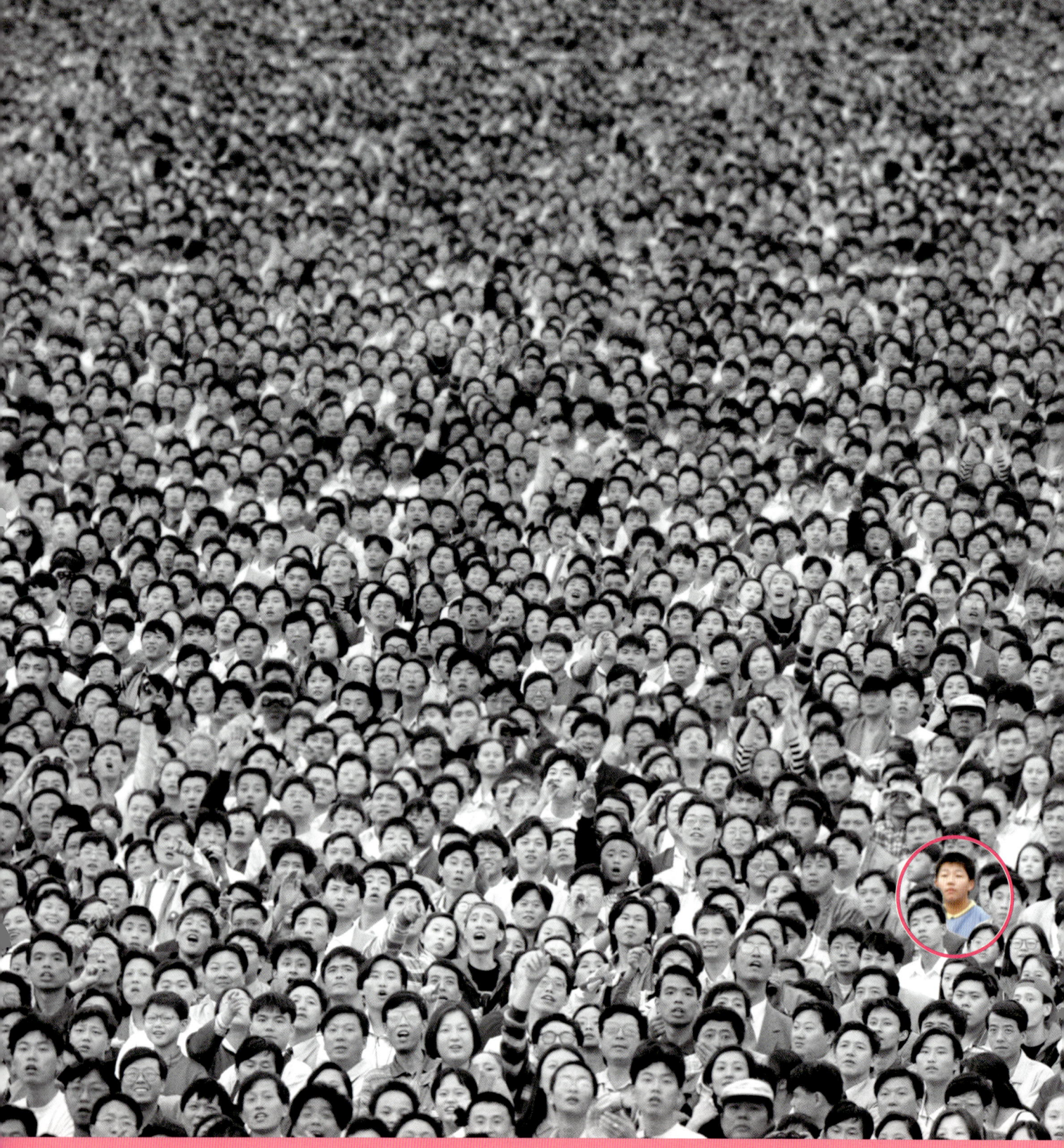

어떻게 나는 특별할까?

우리 모두는 같은 설계에 따라 만들어지는데도,
서로서로가 완전히 달라요. 우리 각자는 좋아하는
음악과 유머 감각부터 목소리와 얼굴 생김새까지,
다른 사람과 수백 가지도 넘게 달라요.

어떻게 나는 이렇듯 특별할까?

답의 일부는 유전자에 들어 있어요.
부모님이 만약 나와 유전자가 같은 다른 아기를 낳으려면,
나와 유전자가 다른
1,000,000,000,000,000명의
아기를 낳아야 할 거예요.
그리고 나머지 답은 우리가 자라면서
성격을 만들어 가는 경험에 있답니다.

어떻게 나는 특별할까?

나만의 특별함

누군가가 여러분의 신분증을 훔쳐서, 여러분처럼 보이려고 성형 수술을 하고, 여러분인 척한다고 생각해 봐요. 그 사람이 훔친 신분증으로 달아날 수 있을까요? 다행스럽게도 진짜 여러분을 가려낼 수 있는 방법들은 많아요.

지문   홍채   면역계

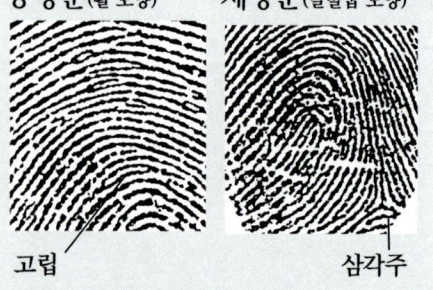

지문은 사람마다 달라요. 심지어 일란성 쌍둥이조차 손바닥, 발바닥 모양이 아주 비슷하지만 지문은 다르답니다. 지문은 평생 동안 똑같아서, 만약 손가락 피부를 다치더라도 같은 지문이 다시 나타나요. 오른손과 왼손의 지문은 거울을 두고 마주본 모양처럼 보여요. 하지만 자세히 들여다보면 오른손과 왼손의 지문도 서로 달라요.

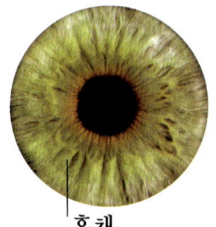 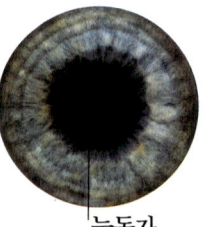

홍채는 인종마다 다른 눈 색깔을 나타낼 뿐 아니라 지문처럼 사람마다 달라요. 홍채에는 빗살 무늬와 동심원 무늬가 복잡한 모양을 이루고 있는데, 홍채 인식기로 그 모양을 읽을 수 있어요. 물론 홍채 인식이 지문만큼 믿을 만하지는 않아요. 심한 병을 앓으면 홍채의 무늬가 변하기도 해요. 또 콘택트렌즈를 끼면 자기 신분을 숨길 수도 있어요.

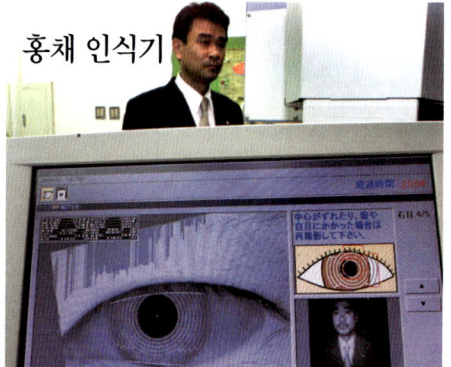

홍채 인식기

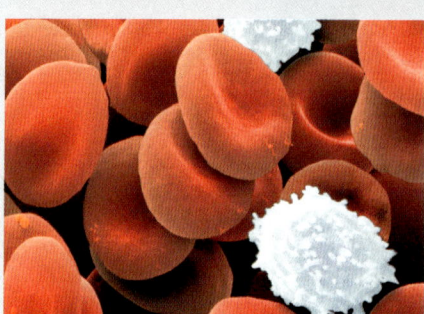

백혈구 덕분에 우리 몸의 세포는 다른 사람의 세포를 구별할 수 있어요.

면역계는 자기 세포와 다른 모든 물질을 구별할 수 있어요. 세균 같은 이물질이 몸 속으로 들어오면, 백혈구가 그것을 가려 내어 공격하죠. 그런데 슬프게도, 살기 위해 다른 사람으로부터 장기를 이식받아야 할 때조차 면역계는 자기 역할을 다하여 그 장기를 거부하려고 한답니다. 그래서 장기 이식은 면역계가 거의 같은 친족, 특히 일란성 쌍둥이끼리 가장 쉽게 할 수 있어요.

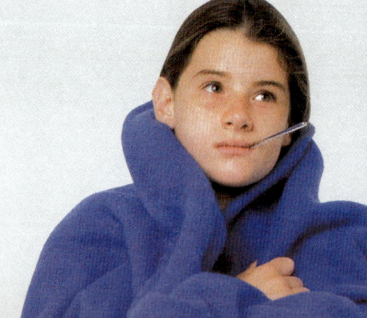

내가 진짜 나인지 어떻게 알 수 있을까?

이 방법들은 모두 사람들 각자가 생물학적으로 특별하기 때문에 가능하죠. 몇 가지 검사 방법은 아주 믿을 만해서, 경찰이 범죄 현장에 남겨진 아주 작은 단서를 가지고 범인을 잡을 때 사용된답니다.

유전자　　목소리　　서명

자신이 누구인지 알 수 있는 가장 좋은 방법은 유전자 지문을 확인하는 거예요. 세포 속의 유전자를 잘게 쪼개서 젤리 같은 물질 위에 쫙 피면, 유전자 지문이 띠 모양으로 나타나요. 경찰은 범죄 현장에서 발견된 피, 털, 기타 신체 조직으로 사람들의 신원을 알아내려고 유전자 지문을 이용해요. 몇몇 전문가들은 두 사람의 유전자 지문이 같을 확률은 5,000,000,000,000,000,000,000분의 1이라고 해요.

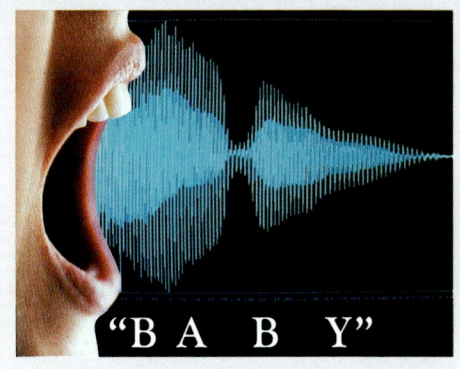

목소리는 기분, 하는 말, 나이에 따라 변하지만, 평생 동안 변하지 않는 특별한 음색이 있어요. 목소리 지문인 '성문'을 분석하는 사람은 목소리를 구별하고 알아챌 수 있어요. 심지어 전화기로 듣는 목소리까지 말이에요. 일부 큰 은행들에서는 직원의 신분을 확인하려고 성문을 이용하죠.

모든 사람들은 저마다 손으로 쓴 글씨의 모양인 '필적'이 달라요. '필적학자'라고 불리는 사람들은 필적에서 성격을 읽어낼 수 있다고 말해요. 그래서 우리가 흔히 '사인'이라고 부르는 서명이 오랫동안 본인을 확인하는 데 쓰여 왔어요. 서명은 남들이 흉내 내기 어렵도록 자기만의 글씨체로 이름 따위를 단번에 빠르게 쓰는 거예요. 하지만 서명은 대개 눈으로 확인하기 때문에 본인을 확인하는 확실한 방법은 아니에요.

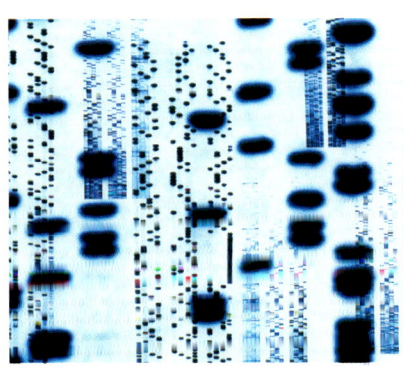

위의 사진에서 보이는 유전자 지문의 띠 모양은 친족을 찾거나, 이 유전자 지문의 주인을 찾는 데 이용할 수 있어요.

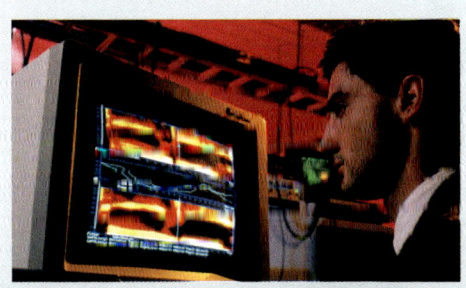

성문 분석가들은 목소리를 컴퓨터에서 줄무늬로 바꿔 관찰해요.

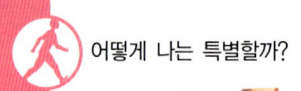 어떻게 나는 특별할까?

유전자란 무엇일까?

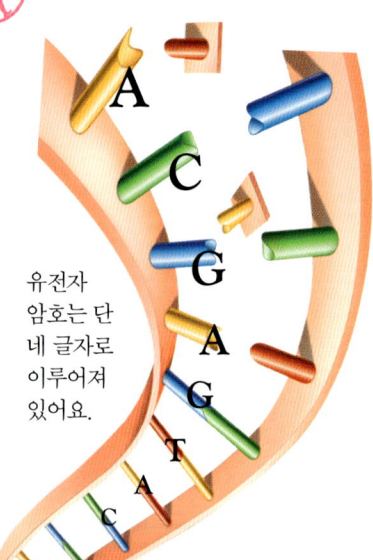

유전자 암호는 단 네 글자로 이루어져 있어요.

유전자에는 여러 가지 내용이 담겨 있어요. 그중에서 가장 중요한 것은 우리 몸의 모든 것에 대한 설계도예요. 이 설계도는 DNA 분자 안에 암호로 숨겨져 있어요.

DNA
Deoxyribonucleic acid (디옥시리보 핵산)

염색체

핵

세포

사람의 유전자는 침팬지와 99%, 쥐와 85%, 바나나와 50%가 같아요.

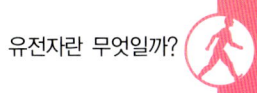

유전자에는 이런 내용도 있어요.

- DNA의 길이
- 단백질을 만드는 암호
- 세포가 할 일을 지시하는 명령
- 다른 유전자들의 작동을 조종하는 스위치
- 부모님으로부터 물려받은 특징 — 유전 형질

DNA에는 유전자가 들어 있어요.

DNA는 굉장히 길지만 아주 가는 분자예요. DNA는 새끼줄처럼 꼬인 사다리를 닮았어요. 이 사다리는 A, C, G, T 네 글자로만 된 간단한 암호로 이루어져 있어요. (네 글자는 사다리 안의 화학 물질을 나타내죠.)

유전자는 이 글자들의 특별한 배열을 지닌 DNA 조각이에요. 말하자면 책에서 한 문단과 같죠. 대부분의 유전자에서, 글자들의 배열은 단백질 분자를 이루는 다양한 화학 물질(아미노산)의 배열을 뜻하는 암호예요. 유전자에는 수천 가지의 단백질을 만드는 암호가 담겨 있죠.

```
TCACCGTG
GTGGGCTTGT
GGGTGCCTTCCGA
ATTCGAATTCCCTTG
TGGATGCCAATATAC
GCATATAGGCACAC
CGTGGTGGGCCT
TGTGGGTGCC
TTCCG
```

염색체에는 DNA가 들어 있어요.

DNA는 세포 속의 아주 좁은 공간에 꼭 들어맞아야 하기 때문에, 놀라운 방식으로 차곡차곡 꾸려져 있어요. 각각의 DNA 분자는 빙글빙글 감겨서 실을 이루고, 실은 다시 감겨서 끈을 이룬답니다. (마치 가는 실들이 서로 감겨서 밧줄을 이루는 것처럼 말이죠.)

그래서 나중에는 염색체라고 하는 엑스(X) 모양의 덩어리가 되죠.

염색체는 너무나 작아서 맨눈으로 볼 수 없어요. 염색체 10만 개가 모여야 겨우 점(·) 하나만 한 크기가 되죠. 그런데도 각각의 염색체에는 2미터나 되는 DNA가 들어 있답니다.

세포에는 염색체가 들어 있어요.

몸 세포 중 대부분의 세포핵 속에는 46개의 염색체가 한데 뭉쳐져 있어요. 이 46개의 염색체 속에 한 사람의 모든 유전자가 들어 있어요. 그러니까 모든 세포 각각에 모든 유전자가 들어 있는 거죠. 그럼, 몸속에 DNA는 얼마나 많겠어요! 만약 몸속 모든 세포 속의 모든 염색체에서 DNA를 가닥가닥 풀어내어 분자끼리 서로 잇는다면, 지구에서 태양까지 400번이나 왕복하는 거리만큼 길 거예요. 하지만 한 사람의 모든 유전자 정보를 콤팩트디스크(CD) 한 장에 담을 수 있답니다.

한 사람의 DNA 한 꾸러미가 바로 게놈이에요.

다시 말해, 46개의 염색체 속에 들어 있는 DNA를 게놈(genome)이라고 해요. 사람의 게놈 속에는 실제로 작동하는 유전자가 겨우 3만 개 정도밖에 없어요. 나머지 DNA는 쓰레기예요. 사람의 게놈은 다른 생물의 게놈과 아주 비슷해요. 심지어 바나나와도 비슷해요. 이것은 모든 생물이 먼 옛날 같은 조상으로부터 탄생했고, 사람의 유전자 중 대부분이 다른 생물의 유전자처럼 세포가 할 일을 지시하는 명령을 담고 있기 때문이에요. 진화를 거치는 동안 사람의 유전자 중 일부가 적당하게 바뀌어, 사람의 생김새와 행동이 다른 생물과 아주 달라졌을 뿐이죠.

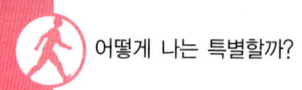 어떻게 나는 특별할까?

나의 유전자는 어디에서 왔을까?

우리의 유전자는 부모님으로부터 물려받은 거예요. 엄마 아빠의 유전자도, 할아버지와 할머니의 유전자도 마찬가지예요. 이렇게 생각하면, 이 세상에 살았던 최초의 생물에게까지 거슬러 올라가겠죠. 유전자는 집안의 대를 따라 전해져요. 그래서 우리는 부모님과 닮은 거예요. 짧은 속눈썹, 갈색 머리카락, 주근깨, 까만 눈동자 같은 외모는 유전자가 정하기 때문이죠.

유전자의 절반은 어머니에게서 물려받고
나머지 절반은 아버지에게서 물려받아요.

유전자는 정자와 난자 속의 염색체로 전달돼요. 정자와 난자에는 사람 염색체의 절반인 23개씩의 염색체가 들어 있어요. 그래서 정자와 난자가 만나서 생기는 태아는 다시 46개의 염색체를 가지게 되죠.

우리 몸에는 정확하게 두 가지 유전자가 있어요. 한 가지는 어머니로부터 받은 것이고, 다른 한 가지는 아버지로부터 받은 것이죠. 이 두 게놈 덕분에 우리에게는 어머니와 아버지의 특징이 섞여 있는 거예요. 예를 들면, 머리카락은 어머니를 닮고, 눈은 아버지를 닮을 수 있어요.

같은 부모님에게서 태어난 아이들이 서로 다른 이유는 정자와 난자가 만들어지기 전에, 아버지와 어머니의 유전자가 뒤섞인 후 절반으로 나뉘기 때문이에요. 그래서 아이들이 제각각 다른 유전자를 가지게 되는 거예요. (일란성 쌍둥이는 빼고 말이에요.)

우리의 게놈은 모든 조상들의 유전자로 만들어진 모자이크라고 할 수 있어요.

우성 유전자란 무엇일까?

우리는 두 가지 유전자를 지니고 있기 때문에, 모든 특징이 두 가지 중 하나일 수 있어요. 예를 들어 눈 색깔을 살펴보죠. 우리는 부모님으로부터 눈 색깔 유전자를 물려받아요. 어머니로부터 갈색 눈 유전자를 물려받거나, 아버지로부터 파란색 눈 유전자를 물려받을 수도 있어요. 이때 한 유전자가 다른 유전자보다 우세할 수 있어요. 우리는 그 유전자를 우성 유전자라고 불러요. 갈색 눈 유전자는 대체로 파란색 눈 유전자보다 우성이에요.

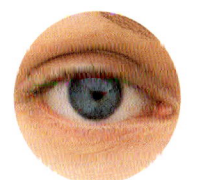 + 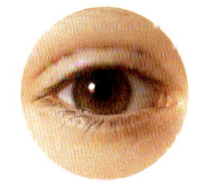 =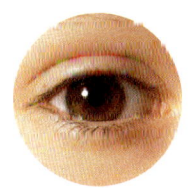

부모님 중 한 분의 눈이 파란색이고 / 다른 한 분의 눈이 갈색이면 / 여러분의 눈은 아마 갈색일 거예요.

우성 유전자에게 눌린 유전자를 열성 유전자라고 해요. 열성 유전자의 특징이 나타나려면, 부모님 모두로부터 열성 유전자를 물려받아야 해요. 엄지손가락을 세워 보세요. 엄지손가락이 뒤로 휘어지면, 열성 유전자의 특징이 나타나는 거예요. 이와 같은 특징은 종종 한 세대를 건너뛰어 나타나요. 할아버지, 할머니, 손자에게는 나타나도 부모님에게는 나타나지 않는 거죠.

어떻게 누구는 남성으로, 누구는 여성으로 태어날까?

46개의 염색체 중 2개는 특별해요. 이 2개의 성염색체가 성별을 정한답니다. 이 성염색체들은 엑스(X)와 와이(Y)를 닮았죠. 성염색체들이 모두 X이면, 여성으로 태어나요. 만약 하나가 X이고 다른 하나는 Y이면 남성으로 태어나요. 남성에서는 X 염색체 속의 모든 유전자들이 우성의 특징을 나타낸답니다. 왜냐하면 그 유전자들과 짝을 지어 열성으로 만들 X 염색체가 없고 대신 Y 염색체가 있기 때문이죠. 그래서 특별히 남성은 색맹 같은 유전적 결점을 가지는 거예요.

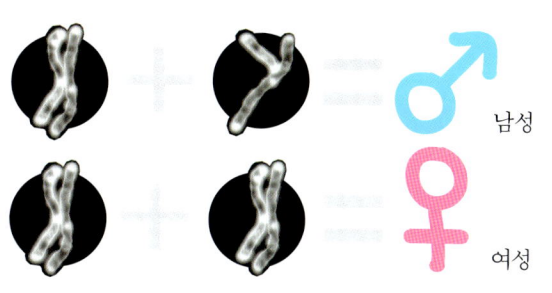

남성 / 여성

과연 유전자가 모든 것을 정할까?

몇몇 유전자는 아주 간단하고 분명한 특징을 나타낸답니다. 예를 들면, 어떤 유전자는 색맹을 정하고, 또 어떤 유전자는 머리카락 색깔을 정한다고 할 수 있죠. 그래서 얼굴 생김새부터 다리 길이까지, 각각의 특징을 정하는 서로 다른 유전자가 있다고 생각할 수 있어요. 하지만 사실은 그렇게 간단하지 않아요. 사람의 특징들은 대부분 수많은 유전자들이 함께 정한답니다. 키, 외모, 피부, 목소리 등은 모두 여러 가지 유전자들의 영향을 받아요.

뇌에 영향을 주는 유전자를 생각하면 아주 복잡한 특징들이 떠오를 거예요. 유전자는 분명히 똑똑함, 사귐성, 모험심, 창조성에 영향을 줄 수 있답니다. 하지만 유전자가 사람의 성격을 완전히 정하는 것은 아니에요. 유전자는 단지 타고나는 성격이 무엇이고 그것이 얼마나 뛰어난지에만 영향을 주는 거예요. 가족, 친구, 자신의 판단, 운 같은 것들도 성격에 영향을 준답니다.

왜 누구는 우유를 못 마실까?

우유를 싫어하는 사람은 한두 명이 아니에요. 전 세계 사람들의 대부분은 '유당 불내성' 이에요. 이 말은 우유를 먹으면 배탈이 나고, 소화가 잘 안 되고, 긴장이 나빠진다는 뜻이에요. 유당 불내성은 열성 유전자 때문이랍니다. 대부분의 동양 사람들과 카리브 해 원주민들은 이 유전자를 지니고 있어요. 하지만 북유럽 사람들은 대부분 이 유전자가 없어요. 과학자들은 유럽 사람들이 수천 년 전부터 젖소를 키워 우유를 마시기 시작하면서 이 유전자가 다른 유전자로 변했다고 생각해요.

? 어떻게 나는 특별할까?

유전자 검사를 해 보세요.

1
혀 말기

혀를 유(U) 모양으로 말 수 있나요? (입술로 억지로 말지 마세요!)

2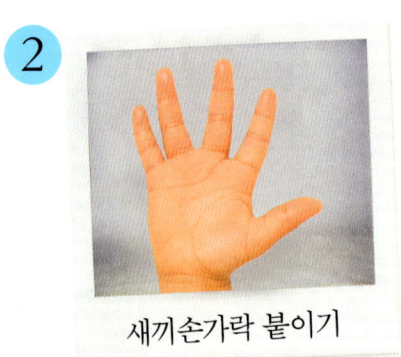
새끼손가락 붙이기

새끼손가락을 바로 옆에 있는 약손가락에 붙여 보세요.

3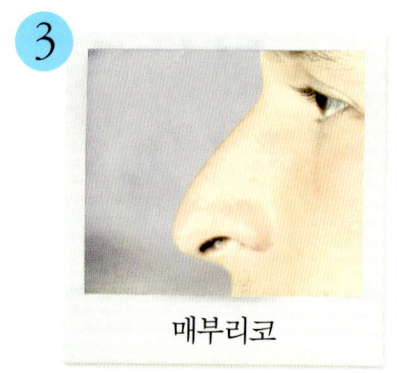
매부리코

콧등이 사진에서처럼 위로 볼록한 코를 매부리코라고 해요.

5
오목한 턱끝

턱 끝에 오목한 홈이 있으면 특별한 우성 유전자를 지닌 거예요.

6
V 모양의 이마

이마의 머리카락이 V 모양으로 나 있으면 우성 유전자를 지닌 거예요.

7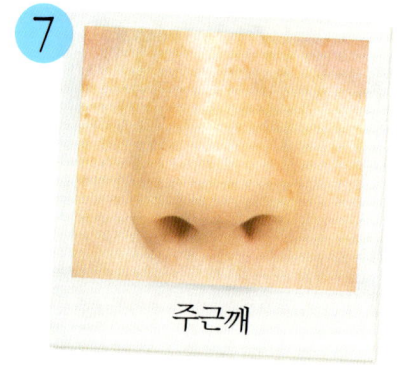
주근깨

주근깨가 있으면 우성 유전자를 지닌 거예요. 햇볕에 그을리면 더 많아지죠.

9
보조개

웃을 때 볼 한쪽이나 양쪽에 보조개가 있으면 우성 유전자를 지닌 거예요.

10
엄지손가락 뒤로 굽히기

엄지손가락이 뒤로 30도 이상 굽으면, 열성 유전자를 가진 거예요.

11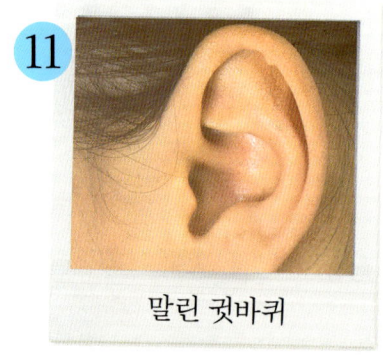
말린 귓바퀴

사진에서처럼 귓바퀴가 안쪽으로 많이 말려서 긴 홈을 이루고 있나요?

나는 이런 특징을 몇 개나 가지고 있나요?
대부분의 특징들이 하나의 우성 유전자 때문에 나타나요.

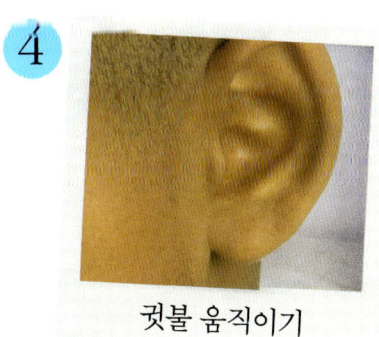

4

귓불 움직이기

귓불을 마음대로 움직일 수 있으면 우성 유전자를 가진 거예요.

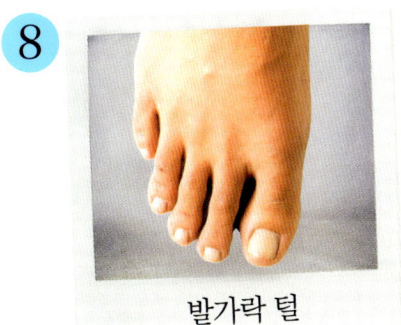

8

발가락 털

어떤 우성 유전자는 손가락이나 발가락의 중간 마디에 털이 나게 해요.

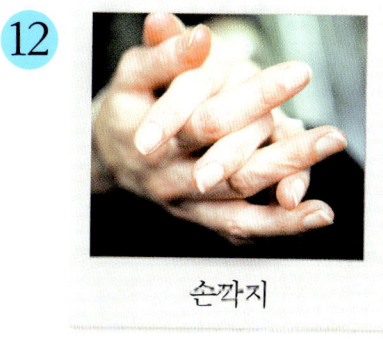

12

손깍지

편하게 손깍지를 끼면 어느 쪽 손의 엄지손가락이 제일 위에 있나요?

유전자는 거짓말은 안 해요!

엄마 소도 엄두 소, 엄미 닮았네

우리는 모든 유전자를 부모님으로부터 물려받아요. 그래서 우성 유전자 때문에 나타나는 모든 특징은 부모님 중 한 분도 가지고 있을 거예요. 만약 혀를 말 수 있다면, 어머니나 아버지도 혀를 말 수 있을 거예요. 그리고 할아버지 아니면 할머니도 혀를 말 수 있을 거예요.

DNA 탐정이 되세요.

조금만 탐정처럼 해 보면, 왼쪽 사진 같은 가계도를 그려서 유전자가 집안에서 어떻게 전해져 내려오는지 추적할 수 있답니다. 우선 친족들의 사진을 모아서 큰 종이에 풀로 붙이세요. 그리고 누가 누구의 부모님이고 자식인지를 알 수 있게 선으로 연결하세요. 이제 모든 친족들의 유전자를 검사해서, 그 결과를 각각의 사진 밑에 적으면 돼요.

나는 색맹일까?

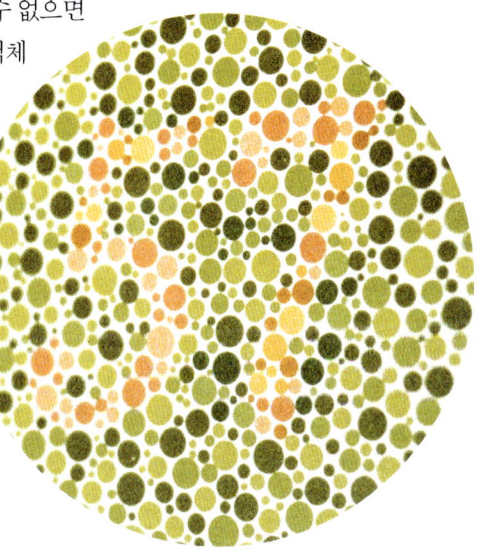

오른쪽 원 안에 있는 숫자를 읽을 수 없으면 아마 색맹일 거예요. 색맹은 X 염색체에 있는 열성 유전자 때문에 나타나요. 여성은 이 유전자를 부모님으로부터 물려받아도 대개 색맹이 아니지만, 남성은 색맹이 되죠. 가족들이 색맹인지 아닌지 검사해 보세요. 형제자매 중에 누구가 색맹이라면, 그 사람은 분명히 어머니로부터 열성 유전자를 물려받았을 거예요.

어떻게 나는 특별할까?

쌍둥이의 정말 쌍둥이는

만약 자기와 똑같은 사람이 하나 더 있다면 무슨 일이 일어날까요? 아마 일란성 쌍둥이와 비슷할 거예요. 과학자들은 일란성 쌍둥이가 같은 유전자를 지니고 있어서, 복제된 것이나 다름없다고 여겨요. 쌍둥이를 관찰하면, 유전자가 성격에 얼마나 영향을 주는지에 대해 놀라운 사실을 알 수 있답니다.

묻고 답하기

쌍둥이는 어떻게 태어날까?

일란성 쌍둥이는 하나의 수정란이 나중에 어떠한 이유로 둘로 갈라져 두 명의 태아로 자라기 때문에 생겨요. 하지만 이란성 쌍둥이는 서로 달라요. 이란성 쌍둥이는 두 개의 난자가 각각 두 개의 정자와 만나서 생겨요. 그래서 형제나 자매와 같아요. 단지 이란성 쌍둥이는 동시에 생겨서 함께 배 속에서 자랄 뿐이에요.

일란성 쌍둥이 자매

서로 떨어져서 자란 일란성 쌍둥이일지라도 대개 놀랄 만큼 서로 비슷하답니다. 짐 스프링어는 40살이 되던 1979년에 쌍둥이 형제인 짐 루이스를 만났어요. 두 사람은 목소리가 똑같았고, 둘 다 살이 쪘고 혈압도 높았어요. 또 둘 다 손톱을 물어뜯었고, 치질과 편두통을 앓았어요. 두 사람은 같은 바닷가로 휴가를 갔고, 둘 다 토이라는 개를 키웠어요. 그리고 둘 다 목수 일을 열심히 해서 정원의 나무 근처에 하얀 벤치를 만들었어요.

쌍둥이를 연구해서

일란성 쌍둥이는 같은 유전자를 가지고 있어요. 그래서 모든 차이는 그들이 자란 환경 때문에 생기죠. 과학자들은 많은 쌍둥이들의 성격을 연구해서(특히 태어나자마자 서로 다른 집안에 입양되어 자란 쌍둥이들), 각자의 성격 변화가 얼마나 유전자의 영향을 받는지를 정확하게 알 수 있어요. 다시 말해, 쌍둥이를 연구하면 타고나는 것과 배우는 것의 차이를 밝혀낼 수 있답니다.

수수께끼

모두 똑같을까?

정말 쌍둥이는 모두 똑같을까?

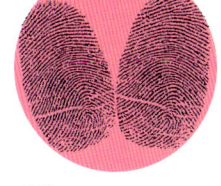

어떻게 일란성 쌍둥이로 태어날까?

어떤 일란성 쌍둥이는 다른 일란성 쌍둥이들보다 더 똑같아요. 대부분의 일란성 쌍둥이는 유전자가 100퍼센트 똑같지만, 드물게 몇몇 일란성 쌍둥이는 유전자가 75퍼센트만 똑같아요. 이 불완전 일란성 쌍둥이는 난자 하나가 수정되기 전에 갈라져서 각각 다른 정자와 수정되어 생긴다고 여겨져요. 난자가 수정된 후 바로 갈라지면 일반적인 일란성 쌍둥이가 생겨서 각각의 태반에서 자라요. 하지만 난자가 수정되고 나서 4~5일 후에 배아가 갈라지면 쌍둥이는 같은 태반에서 생겨서 거울 쌍둥이가 돼요. 또 만약 수정된 후 약 2주쯤 후에 배아가 갈라지면 완전히 분리되지 않아서 샴쌍둥이가 생겨요.

묻고 답하기

거울 쌍둥이란 무엇일까?

일란성 쌍둥이의 4분의 1은 몇몇 생김새가 마치 서로 거울에 비친 모습을 보는 것처럼 비슷한 거울 쌍둥이예요. 거울 쌍둥이는 지문과 가마의 소용돌이 모양도 서로 거울에 비친 것처럼 보여요. 또 타고난 점이나 사마귀도 거울에 비친 것처럼 서로 몸의 반대쪽에 있어요.

무엇을 알아낼까?

쌍둥이 연구 결과

유전자가 많은 영향을 주는 것들
- 겉모습
- 시력
- 몸무게의 변화
- 잘 걸리기 쉬운 병
- 중요한 몇 가지 성격(68쪽을 보세요.)
- 신앙심(종교의 종류는 아니에요.)
- 수명
- 지능

유전자가 거의 영향을 주지 않는 것들
- 오른손잡이 또는 왼손잡이
- 가장 좋아하는 음식
- 유머 감각

샴쌍둥이란 무엇일까?

샴쌍둥이는 몸이 제대로 떨어지지 않아 서로 붙어 있는 일란성 쌍둥이예요. 가끔 피부나 근육이 서로 조금 붙은 경우에는 의사가 떼어내기 쉽답니다. 하지만 뇌나 척수처럼 중요한 신체 기관이 서로 붙어 있으면, 떼어내는 일이 무척 어렵고 위험하죠.

어떻게 나는 특별할까?

나는 어떻게 태어났을까?

유전자는 사람이 처음에 수정란으로 생겨나서 100조 개의 세포를 지닌 몸으로 변해 가는 놀라운 과정을 조절해요. 또 유전자 못지않게 환경도 처음부터 모든 사람이 특별해지는 데 한몫을 해요. 환경은 뇌가 배우고 변해 가는 평생 동안 영향을 끼친답니다.

어떻게 생겨날까?

얼마나 빨리 자랄까?

눈은 언제 생길까?

지문은 언제 나타날까?

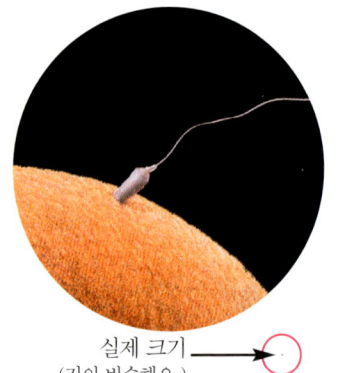

실제 크기 → (거의 비슷해요.)

실제 크기 →

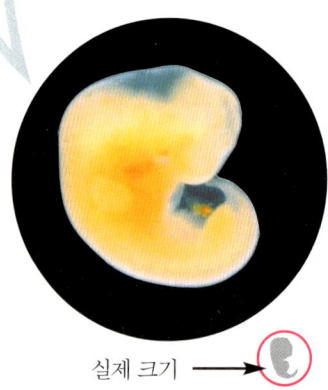

실제 크기 →

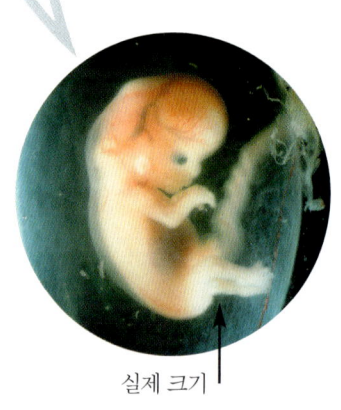

실제 크기

1일

정자와 난자가 수정된 후, 최초 30분 동안은 10분의 1밀리미터도 안 되는 하나의 세포로 지낸답니다. '배아'라고 불리는 이 세포는 아버지의 정자와 어머니의 난자가 합쳐져서 생기죠. 어머니와 아버지의 유전자가 배아의 세포핵 속에서 합쳐져 세상에 하나밖에 없는 게놈을 이루는 거예요.

3일

수정된 후 처음 며칠 동안은 그다지 많이 자라지 않아요. 대신 세포가 여러 개로 갈라져요. 하나의 세포가 2개로, 2개의 세포가 4개로, 4개의 세포가 8개로……. 1주일이면 수백 개의 세포가 되고, 3주가 지나면 하나의 몸으로 천천히 모양을 갖추기 시작해요. 3주가 되면 크기가 쌀알만 해져요.

4주

4주가 되면 작은 새우처럼 보이고, 꼬리가 있답니다. 머리는 아주 빨리 자라서, 거의 몸의 절반 크기에 이르죠. 몸에서 팔이 생기기 시작하고, 눈도 짙은 색 점으로 나타나려고 해요. 이 시기에 어머니에게 영양이 부족하면, 아기가 나중에 어른이 되어 뚱뚱해질 수도 있어요.

8주

8주가 되면 드디어 사람처럼 보이고, 군데군데 투명해요. 눈, 코, 입술, 이가 생겨나고, 심장이 뛰기 시작해요. 12주가 되면 팔과 다리를 움직일 수 있어요. 지문도 모양이 나타나죠. 또 입으로 삼킬 수도 있고, 오줌도 눌 수 있어요. 뇌도 활동한답니다.

나는 어떻게 태어났을까?

손가락은 언제 처음 빨까?

언제부터 꿈꾸기 시작할까?

눈은 언제 뜰 수 있을까?

언제 처음 들을 수 있을까?

언제 엄마의 목소리를 알아들을까?

태어나서 무엇을 할 수 있을까?

 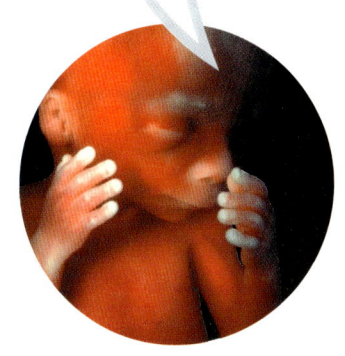 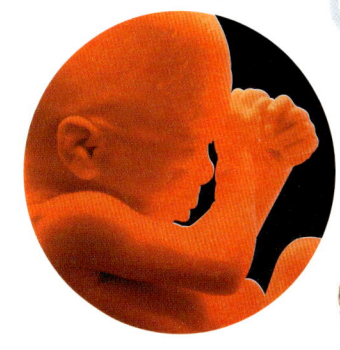 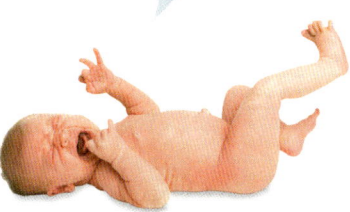

16주	20주	24주	출생
이제 레몬만 한 크기가 되어 더 많이 움직일 수 있어요. 손을 움켜쥘 수 있고, 엄지손가락을 빨고, 표정도 변해요. 그리고 어머니 몸과 연결된 탯줄도 잡아요. 처음으로 소리도 듣지만, 눈을 뜨지는 못해요.	태아의 활동성이 나타나요. 예를 들면, 발길질도 많이 하고, 빙글빙글 돌기도 해요. 이 때 많이 움직이면, 태어난 후에도 분주하게 움직일 거에요. 소리도 잘 들어서, 아주 큰 소리를 들으면 몸을 움찔거릴 거에요. 미각도 발달해서 단 것을 좋아하고요. 온몸이 잔털로 덮이는데, 이 잔털은 나중에 없어진답니다.	22주와 24주 사이에 눈을 뜨게 돼요. 하지만 어머니 배 속이 어두워서 잘 볼 수는 없어요. 그래도 발그스름한 햇빛은 느낄 수 있을 거예요. 이제 소리를 더 잘 들을 수 있어서, 어머니의 목소리를 알아들을 기에요. 자는 동안에는 대부분 꿈을 꿔요.	태어나는 순간부터 숨을 쉬고, 빨고, 삼킬 수 있어요. 또 울고, 기침과 재채기도 하고, 눈도 깜박거리죠. 냄새도 잘 맡을 수 있고, 소리도 아주 잘 들을 수 있어요. 하지만 시력은 좋지 않아요. 그래도 색깔을 구별할 수 있고, 사람들 얼굴도 보인답니다. 아주 가까이 있는 것들만 선명하게 볼 수 있겠지만, 그게 무엇인지는 아직 모르죠.

어떻게 나는 특별할까?

말하기는 어떻게 배울까?

언제부터 방긋방긋 웃기 시작할까?

언제부터 걸을 수 있을까?

성격은 언제 나타날까?

태어난 지 6개월	1년	18개월	2년
태어날 때 이미 뇌의 크기는 어른의 4분의 1만해요. 6개월이면 2배로 커져요. 시각은 빨리 발달해서 6개월이면 거의 완전해져요. 얼굴 표정에 민감해서, 태어나고부터 조금씩 부모님의 웃음과 찡그림에 따라 웃기도 하고 울기도 하죠. 6주가 되면 혀를 내밀 수 있고, 5개월이 되면 이름을 알아들어요. 6개월이 되면 일어설 수 있죠.	매일 뇌 세포가 수십억 개씩 새로 연결되어 몸을 조절하고 주변 환경을 알아보는 능력이 발달해요. 뇌는 다른 신체 부위보다 빨리 발달해서 머리가 몸에 비해서 너무 커 보이죠. 12~18개월이면 걷기 시작해요. 하지만 처음에는 중심을 잘 잡지 못하고, 큰 머리 때문에 비틀거려요.	태어나면 곧 주위에서 들리는 말소리를 따라 옹알거리며 말을 배워 가요. 18개월이 되면 단어를 수백 개나 알아듣고, 말도 조금 해요. 성격도 나타나기 시작해요. 부모님은 아기가 낯을 가리는지 가리지 않는지, 소란스러운지 조용한지, 신경질적인지 차분한지를 알 거예요.	뇌가 어른 뇌의 4분의 3 크기가 되고, 그 어느 때보다 빨리 배워요. 대개 2년이 되면 약 300단어를 말할 수 있고, 말을 문장으로 할 수 있어요. 자기 자신을 알아보는 능력이 발달하기 시작해요. 거울이나 사진 속에서 자신을 알아볼 수 있어요. '나'와 '내 것'이라는 말을 사용하기 시작해요.

유아/ 어린이 시절

기억은 언제부터 할 수 있을까?

언제부터 거짓말을 하기 시작할까?

무엇을 잘하는지 어떻게 알까?

3살에 얼마나 많은 단어를 알까?

글 읽기는 어떻게 배울까?

3년	4년	5년	6~10년
하루에 새로운 단어를 10개까지 익힐 수 있어요. 아마 평생 동안 배울 40,000단어 이상 중에서 1,500단어는 이미 배웠을 거예요. 뇌는 다시 떠올릴 수 있는 '장기 기억'을 하기 시작할 거예요. 균형 감각도 좋아져서 덜 기우뚱거려요. 1~2년이 더 지나면 달리기, 깡충거리기, 건너뛰기를 배우고, 공을 잡거나 신발 끈을 매는 것도 배울 거예요.	다른 사람과 사귀는 능력이 좋아지고, 다른 사람들이 무슨 생각을 하는지도 알게 되죠. 그러면 다른 사람에게 거짓말을 하거나 속임수를 쓴답니다. 친구와의 우정이 중요해져요. 다른 아이들을 각각 다른 사람으로 받아들이고, 서로 돕고 양보하며 함께 놀아요. 물론 상상력이 아주 풍부해져서 혼자 놀 수도 있죠.	뇌가 이제 거의 어른 뇌 크기가 된답니다. 유치원에 다니기 시작할 거고, 낱글자가 모여 어떻게 말이 되는지를 배워서 읽기 시작할 거예요. 그리고 방학, 성탄절, 유치원에 처음 간 날처럼 오랫동안 추억할 '장기 기억'이 머릿속에 남아요. 하지만 3살 전은 기억할 수 없어요.	이 기간에는 자전거 타기, 수영, 스케이트 타기, 공놀이 같은 조금 까다로운 몸놀림도 잘하게 돼요. 손놀림도 좋아져서 글씨 쓰기, 컴퓨터 자판 누르기, 그림 그리기도 잘하죠. 자기 자신을 알아보는 능력도 나아져요. 자기를 다른 사람들과 비교하기 시작하고 다른 사람들이 잘하는 것도 알게 된답니다.

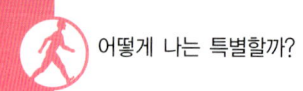

어떻게 나는 특별할까?

"나는 왜 멋있지 않을까?"

"내 기분은 왜 변덕스러울까?"

"내 발은 왜 이렇게 클까?"

"내 모습이 왜 이렇게 변할까?"

11~12년

13~17년(여성)

십대 초반부터 청소년기의 특징이 나타나기 시작해요. 청소년기는 아이에서 어른으로 변해 가는 시기예요. 생식 기관이 성숙하는 시기는 사춘기라고 해요. 사춘기는 사람에 따라서 아주 차이가 심하죠. 청소년기는 몸뿐만 아니라 마음에도 큰 변화가 일어나는 시기예요.

여성 호르몬인 에스트로겐이 난소에서 분비돼요. 에스트로겐 때문에 11살쯤에 몸이 갑자기 성장해요. 그래서 이 나이에는 여성이 같은 나이의 남성보다 키가 크기도 해요. 월경이 시작되면 키가 6센티미터 정도 커요. 여성은 사춘기가 대개 11살이나 12살에 시작돼요. 하지만 8살에 일찍 시작되거나 16살에 늦게 시작되기도 해요. 이렇게 사춘기가 시작되는 시기에 차이가 나는 주요 원인 중 하나는 몸무게예요. 몸무게가 약 45킬로그램은 되어야 월경이 시작돼요.

- 가슴이 발달하기 시작해요.
- 팔과 다리가 길어져요. 나중에는 몸통이 길어져요.
- 월경이 시작돼요.
- 음모가 자라나요. 그리고 월경이 시작되고 2년 후쯤부터 겨드랑이 털이 자라요.
- 엉덩이가 커지기 시작해서 십대 후반까지 계속 커져요.
- 호르몬 변화 때문에 기분이 변하기도 해요.
- 가족과 함께 보내는 시간이 줄어들고 친구들과 보내는 시간이 길어져요.
- 남자아이들과 더 많이 사귀게 돼요.
- 점점 남들을 의식하게 돼요.

청소년 시절

나는 왜 성장이 느릴까?

나는 왜 이렇게 남을 의식할까?

나는 왜 여드름이 많을까?

나이가 들면서 계속 변할까?

13~17년(남성)

18년 이상

남성 호르몬인 테스토스테론이 고환에서 분비돼요. 테스토스테론 때문에 13살 정도에 갑자기 성장해요. 키가 1년에 12센티미터는 클 거예요. 성장은 밖에서 안으로 일어나요. 우선 손과 발이 자라고 나서 팔과 다리가 자라요. 그리고 몸통이 자라요. 뼈가 근육보다 빨리 자라서 호리호리하게 키만 커 보여요. 몸이 빨리 자라서 적응이 안 되어, 몸놀림을 다시 익혀 가기도 해요. 사춘기는 몸에서 정자를 만들기 시작하는 13살 또는 14살 정도에 시작돼요.

- 음모가 자라나요.
- 정자를 만들기 시작해요.
- 테스토스테론 분비가 많아서 여드름이 날 수 있어요.
- 청소년의 3분의 1은 테스토스테론이 분비되기 전인 십대 초반에 가슴이 약간 커져요.
- 목소리가 굵어지는데, 이따금 목소리가 날카롭게 갈라지기도 해요.
- 음모가 자라기 시작한 지 약 2년 후부터 수염이 나고, 다리, 팔, 겨드랑이에도 털이 나요.
- 가슴과 어깨가 넓어져요.
- 얼굴 모양이 변하고, 턱도 점점 윤곽이 뚜렷해져요.
- 십대 후반까지 계속 몸에 근육이 많아져요.

10대 후반에 이르면, 뇌와 몸이 아주 갑자기 변화를 멈춰요. 그러면 자각을 하게 되고, 독립심이 생기며, 자신감을 갖게 돼요. 성격은 경력을 쌓아 가고, 다른 사람들과 관계를 맺고, 자기의 취미를 찾아가며 사는 평생 동안 계속 변해요.

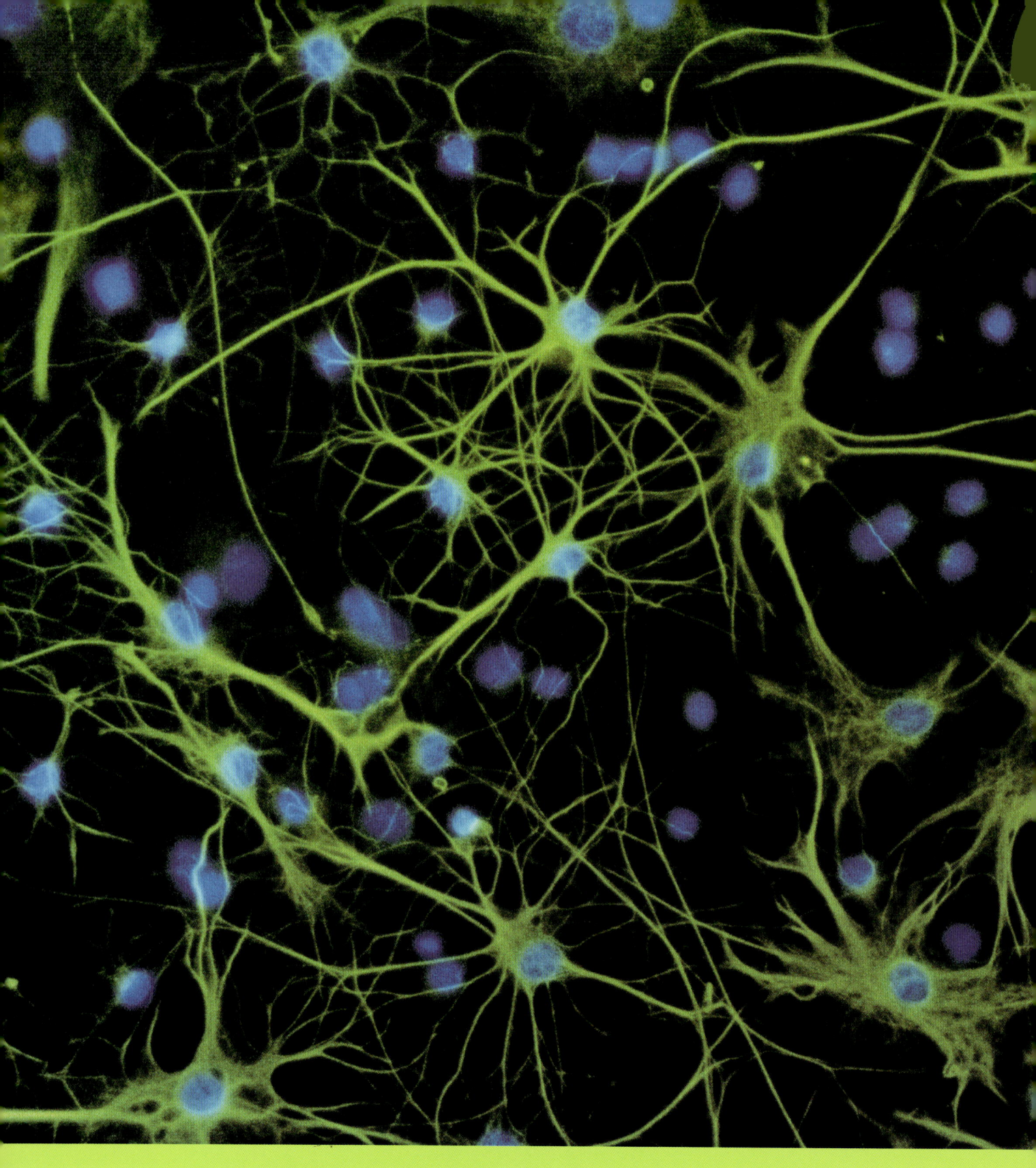

뇌는 어떻게 작용할까?

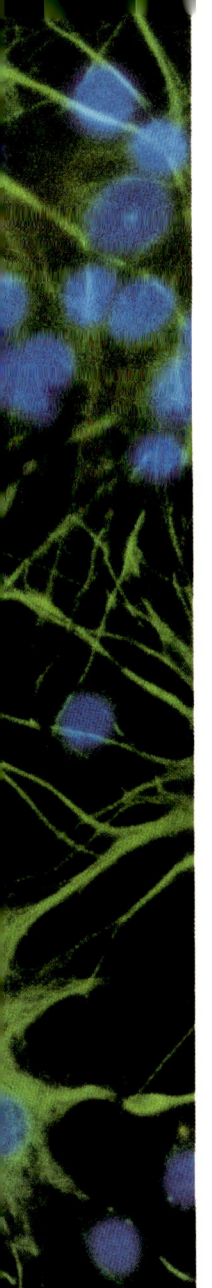

" 뇌는 진짜 나를 만드는
신체 기관이에요.

보고 느끼는 것뿐만 아니라 모든 생각, 감정, 기억은
이 양배추 크기의 조직 덩어리 안에서 요술처럼 생겨나요.

뇌가 정확히 어떻게 작용하는지는 알 수 없지만,
비밀은 1000억 개의 신경 세포가 서로 연결된 방식에 있는 것
같아요. 뇌는 어떤 컴퓨터보다 복잡한 전기 회로로
엮인 미로예요. 그리고 컴퓨터와 달리,
뇌는 계속 신경 세포들이 다시 연결되고,
뭔가를 배울 때마다 변해요. "

우주 속의 원자 개수보다 뇌 속에서 만들

한때 전두엽은 사고, 계획, 자유 의지를 담당한다고 여겨졌는데, 사실은 뇌의 다른 부분들도 이러한 역할을 한답니다.

전두엽

뇌는 어떻게 작용할까?

뇌는 연분홍빛 갈색인데, 크기는 두 주먹만 하고, 젤리처럼 말랑해요. 주름진 표면은 여러 개의 엽으로 나뉘는데, 한때는 몸 안의 장기처럼 이 엽들이 서로 다른 역할을 한다고 여겨졌어요. 몇 가지 역할은 그렇지만, 뇌는 사실 훨씬 복잡해요. 뇌의 역할은 여러 엽에 걸쳐서 이루어지고, 뇌를 다치면 뇌가 작용하는 방식도 변해요.

뇌는 하나일까, 둘일까?
뇌는 오른쪽 반과 왼쪽 반이 생김새가 똑같아서, 사실 하나의 뇌 안에 두 개의 반쪽 뇌가 있는 셈이에요. 오른쪽 뇌와 왼쪽 뇌는 서로 다른 특성과 능력을 담당하는데, 둘은 서로 '대화'를 나누어요. 많은 일을 하려면 두 개의 반쪽 뇌가 모두 있어야 해요. 예를 들면, 농담을 들을 때 왼쪽 뇌가 그 말을 들으면, 오른쪽 뇌가 그것을 농담으로 받아들여요.

수 있는 전기 회로의 개수가 더 많아요!

두정엽은 운동, 지각, 방향 감각에 중요한 역할을 해요.

후두엽의 주요 역할은 눈에서 들어오는 정보를 처리하는 일이에요.

대뇌피질
뇌의 주름신 바깥 표면을 대뇌피질이라고 해요. 생각은 주로 대뇌피질 앞쪽에서 해요. 대뇌피질의 다른 부분은 시각과 청각을 비롯한 감각으로부터 들어온 정보를 다뤄요. 대뇌피질은 오른쪽 반과 왼쪽 반으로 나뉘어요. 그리고 두 반쪽 뇌는 각각 왼쪽 그림에서처럼 4개의 엽으로 나뉘어요.

소뇌
소뇌는 몸의 운동을 조절하고, 균형을 잡아줘요. 하지만 뇌의 다른 부분들처럼, 소뇌도 하나의 역할만 도맡는 게 아니라 수많은 역할들을 함께 담당해요. 최근에는 소뇌가 언어, 시각, 독서, 계획도 담당한다는 걸 알아냈어요.

뇌간
뇌의 가장 아래쪽에는 뇌간이 있어요. 뇌간은 살아 있는 데 꼭 필요한 역할들을 담당해요. 심장 박동과 호흡을 유지해 주고, 수면과 배변을 조절해요. 뇌간이 제구실을 하지 못하면, 뇌사 상태에 빠지게 돼요.

두정엽 · 측두엽 · 후두엽 · 소뇌 · 뇌간

측두엽은 말하기, 언어, 청각 그리고 다른 여러 역할을 담당해요.

뇌의 한가운데에는 무엇이 있을까?
사람은 대뇌피질이 무척이나 넓어서, 다른 동물들보다 훨씬 똑똑해요. 하지만 대뇌피질 아래 깊은 속에는 '파충류의 뇌'라고 부르는 변연계가 있어요. 변연계는 두려움, 화 그리고 목마름이나 배고픔 같은 충동 따위의 감정을 담당해요.

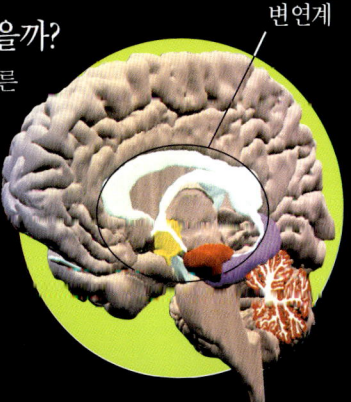
변연계

뇌는 어떻게 작용할까?

우리는 생각하고 행동할 때 과연 머릿속에

묻고 답하기

잠재의식이란 무엇일까?

심리학자 지그문트 프로이트의 많은 생각들은 틀렸어요. 하지만 한 가지는 옳아요. 우리가 하는 많은 행동들을 뇌 속에 숨겨진 힘이 조종한다는 거예요. 프로이트는 그것을 잠재의식이라고 불렀어요. 잠재의식은 숨겨져 있어서 대개 알아차릴 수가 없어요. 예를 들면 자전거를 탈 때, 잠재의식 덕분에 딴생각을 하면서도 페달을 밟고 핸들을 조종하며 계속 달릴 수 있어요.

나만의 경험

세상을 살면서 겪는 경험은 완전히 개인적이에요. 아무도 '나'의 생각과 느낌을 경험할 수 없어요. 어떤 철학자들은 우리 각자가 서로 아주 다른 방식으로 세상을 본다고 생각해요. 예를 들면 '내'가 빨간색을 본다고 할 때, 어떤 사람은 그것이 빨간색이라는 것을 아는데도 파란색으로 보일 수 있어요. 하지만 우리는 다른 사람들의 생각을 들여다 볼 수는 없기 때문에 그 사람의 말이 사실인지 알 수 없다는 거예요.

생각은 어디에서 할까?

우리 모두는 뇌 안에서 내적 자아를 느껴요. 내적 자아가 바로 '나'예요. 거기에는 '나'의 생각과 감정이 담겨 있어요. 내적 자아는 '나'의 눈으로 세상을 보아요. 내적 자아는 잠들면 사라져요. 내적 자아가 나의 모든 결정을 하는 것처럼 보이지만, 정말 '나'는 내적 자아를 조종하고 있을까요?

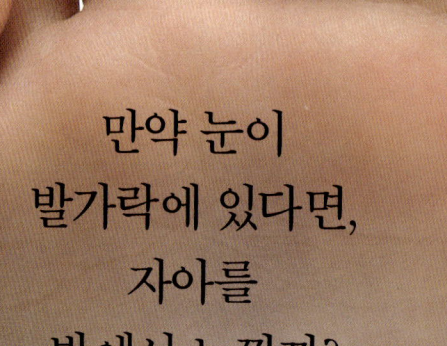

만약 눈이 발가락에 있다면, 자아를 발에서 느낄까?

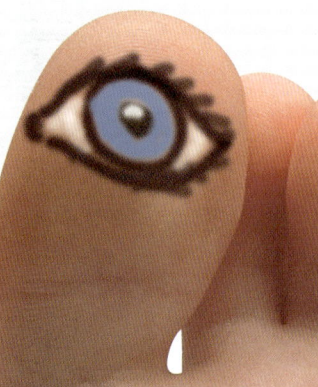

'나'는 어디에 있을까?
내적 자아가 바로 눈 뒤에 있는 것처럼 느껴지지만, 사실은 의식적인 자아를 느끼게 해 주는 것은 뇌의 특정 부분이 아니에요. 몇몇 전문가들은 분명히 두 개의 내적 자아가 있다고 주장해요. 둘로 나뉜 각각의 뇌에 두 개의 분리된 '나'가 있다는 거죠.

생각은 어디에서 할까?

숨겨진 잠재력을 얼마나 발휘할까?

왜 공상에 빠지는 걸까?
따분하거나 집중이 안 될 때, 우리는 금세 내적 세계로 빠져 들어가 공상을 시작하죠.

심리학자들은 우리가 하루에 8시간 동안이나 공상에 빠진다고 생각해요.

눈 깜박임처럼, 공상도 늘 알아채지 못하는 사이에 하게 돼요. 그리고 공상은 중요한 역할을 한답니다. 대부분의 사람들은 원하는 것에 대해 즐거운 공상을 해요. 이를테면 부자가 되거나, 성공하거나, 사랑에 빠지거나, 영웅이 되는 거죠. 이런 긍정적인 공상은 용기를 북돋워 주고 의욕을 가져다준답니다. 하지만 종종 사람들은 부정적인 공상도 해요. 특히 복수를 당할 것 같은 환상 말이에요. 공상은 답답함을 덜어 주기 때문에 건강에 좋을 수도 있어요.

의식이란 무엇일까?
깨어 있는 동안 느끼는 자각을 의식이라고 해요. 의식에는 감각으로부터 들어오는 모든 것들이 포함돼요. 물론 가장 중요한 시각으로부터 들어오는 것이 대부분이죠. 또 의식에는 개인적인 내적 세계도 포함돼요. 거기에는 '나'는 들어갈 수 있지만 다른 사람은 누구도 들어갈 수 없어요. 생각, 아이디어, 감정, 공상, 상상은 모두 의식의 일부분이에요.

묻고 답하기

상상이란 무엇일까?
공상을 하면 초점 없이 멍하지만, 하나의 생각에 집중해서 마음속에 특별한 이미지를 떠올려 맘대로 할 수도 있어요. 이게 바로 상상이에요. 예를 들면, 집에 방이 몇 개 있는지 기억을 떠올려 보세요. 집 안을 직접 걸어 다니는 상상을 할 수 있을 거예요.

내면의 목소리란 무엇일까?

때때로 생각을 하다 보면, 이미지나 감정을 떠올리는 대신 내면의 목소리를 내기도 해요. 예를 들면, 어려운 문제를 풀 때 생각을 말로 중얼거리기도 할 거예요. 이렇게 자신에게 말한다고 해서 미친 것은 아니에요. 이건 그저 집중할 수 있는 좋은 방법이에요.

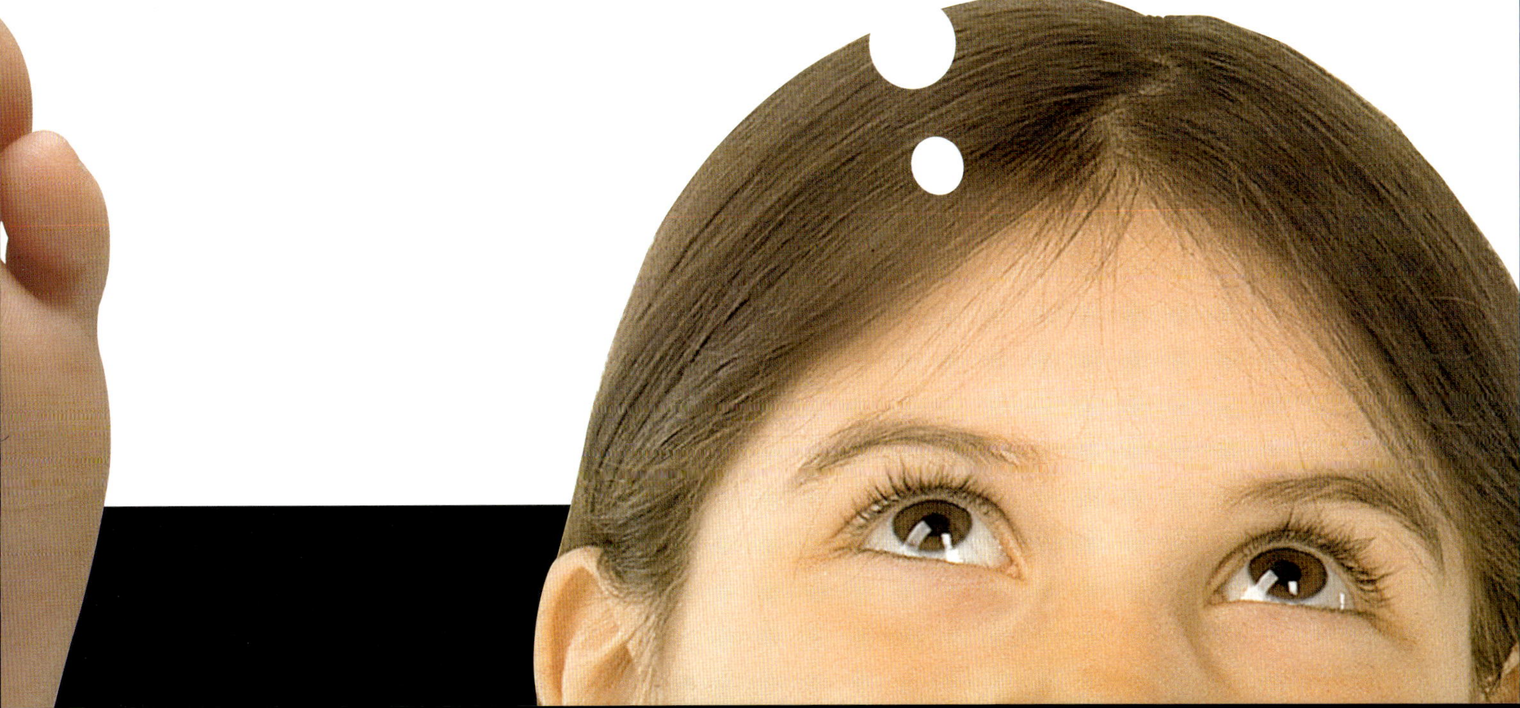

뇌는 어떻게 작용할까?

모든 사람들은 자기가 오른손잡이인지 왼손잡이인지 알아요. 하지만 여러분은 자신이 오른발잡이인지 왼발잡이인지 아나요? 또 오른귀잡이인지 왼귀잡이인지도 알고 있나요? 뇌가 작용하는 방식 때문에 우리 몸은 양쪽이 똑같지가 않답니다.

왼쪽 아니면 오른쪽?

손깍지를 끼거나 팔짱을 끼거나 다리를 꼬고 앉을 때, 대개 우리는 왼쪽과 오른쪽 중 한쪽이 늘 위로 오게 하죠. 이런 비대칭은 뇌가 둘로 나뉘어 있기 때문이에요. 왼쪽 뇌는 몸의 오른쪽 반을 조절하고, 오른쪽 뇌는 몸의 왼쪽 반을 조절해요. 신체적 또는 정신적 일들을 할 때, 뇌의 한쪽이 더 지배적이랍니다.

◀ ••••••••••••••••••••••••••••••••• ▶

대개 왼쪽 뇌는 이런 일을 해요.
- 언어, 특히 문법, 글쓰기, 맞춤법을 잘 처리해요.
- 논리적인 사고를 잘해요.
- 음악을 감상할 때 리듬과 음정을 잘 알아들어요.
- 몸의 오른쪽 반을 조절해요.
- 시각의 오른쪽 반을 처리해요.

그리고 오른쪽 뇌는 이런 일을 해요.
- 공간 지각력이 뛰어나요.
- 음악을 감상할 때 멜로디를 잘 알아들어요.
- 농담, 빈정거림, 은유를 잘 이해해요.
- 사물을 잘 알아봐요.
- 몸의 왼쪽 반을 조절해요.
- 시각의 왼쪽 반을 처리해요.

◀ **나의 뇌는 오른쪽과 왼쪽 중 어느 쪽이 더 지배적일까?** ▶

시각 검사

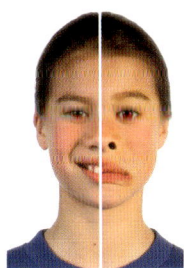

많은 사람들에게 시각은 한쪽이 더 지배적이에요. 왼쪽의 두 사진을 볼 때 코에 초점을 모아 보세요. 위와 아래 중 어느 쪽 표정이 더 행복해 보이나요? 대부분의 사람들은 위쪽 표정이 더 행복해 보인다고 할 거예요. 왜냐하면 보는 사람을 기준으로 위의 왼쪽 표정이 웃고 있기 때문이에요. 시각은 대개 왼쪽이 지배적이에요.

왼발잡이, 오른발잡이

자기가 왼발잡이인지 오른발잡이인지 알려면 축구공을 차 보면 돼요. 다섯 사람 중 한 명은 왼발잡이예요. 많은 사람들이 오른손잡이면서 왼발잡이예요.

왼눈잡이, 오른눈잡이

검지손가락을 세워서 앞에 두고, 손가락 바로 뒤쪽의 뭔가에 초점을 맞추세요. 그런 다음 눈을 한쪽씩 빠르게 감았다가 떠 보세요. 눈을 감았을 때 손가락이 순간적으로 움직인 것처럼 보이는 쪽과, 손가락이 가만있는 것처럼 보이는 쪽이 있을 거예요. 만약 왼쪽 눈을 깜박일 때 손가락이 가만있는 것처럼 보이면 오른눈잡이예요.

오른손잡이가 위대할까, 왼손잡이가 위대할까?

슈바이처, 모차르트, 빌 게이츠의 공통점은 무엇일까요? 전 세계 사람들 중에서 약 10퍼센트는 왼손잡이예요. 과학자들은 사람이 왼손잡이 또는 오른손잡이가 되는 이유를 알려고 해왔지만, 서로 의견이 다른 것을 보면 유전자가 유일한 원인은 아니에요. 아기들은 오른손과 왼손을 번갈아 사용할 수 있어요. 2살이 되면 아기들은 평생 동안 주로 사용할 손이 정해져요. 이상하게도 많은 사람들이 완전한 왼손잡이나 오른손잡이가 아니에요. 예를 들면 어떤 오른손잡이는 왼손으로 공을 더 잘 던져요.

많은 사람들이 오른입잡이예요.
오른입잡이들은 오른쪽 이로 씹는 것을 좋아해요.

나는 양손잡이일까?

두 손을 똑같이 사용할 수 있는 사람들을 양손잡이라고 해요. 그럼, 자기가 양손잡이인지 검사해 보세요. 오른손에 연필을 들고 15초 안에 얼마나 많은 화살들을 찍을 수 있는지 해보세요. 그리고 나서 왼손으로도 해보세요. 결과는 96쪽에서 확인하세요.

왼손 시작 → 　 ← 오른손 시작

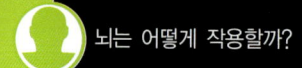 뇌는 어떻게 작용할까?

정확히 30초 동안 아래의 얼굴들을 눈여겨보세요. 그러고

  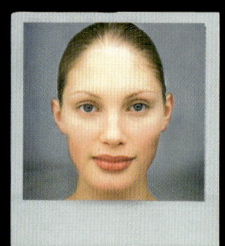  

기억

묻고 답하기

기억은 어디에 저장될까?
뇌 안에 기억이 저장되는 위치가 특별히 있는 것은 아니에요. 다만 기억, 특히 단기 기억이 장기 기억으로 바뀌는 데 중요한 역할을 하는 해마(바다 물고기 '해마'를 닮았어요.)라는 곳이 있어요. 해마를 다치면 사람들은 기억상실증에 걸려요. 그러면 새로운 기억을 할 수 없거나 과거를 기억해 낼 수 없어요.

그때 내가 뭘 하고 있었지?
2001년 9월 11일에 미국의 세계무역센터 쌍둥이 빌딩이 무너졌죠? 그 뉴스를 들었을 때, 자기가 누구와 함께 있었고 무엇을 했는지 기억할 수 있나요? 우리의 뇌는 특별히 충격적인 사건을 잘 기억해요. 왜냐하면 강한 감정이 기억을 더욱 생생하게, 보다 자세하게 빨리 기억해 낼 수 있게 하기 때문이죠.

기억의 종류 4가지

단기 기억
눈을 감고 방금 읽은 문장을 말해 보세요. 이때 우리는 단기 기억을 이용해요. 단기 기억은 몇 초 또는 몇 분 동안 지속되다가 희미해져요. 단기 기억은 책을 읽거나 영화를 볼 때 중요하답니다.

장기 기억
성탄절 선물로 무엇을 받아 봤죠? 이때는 장기 기억을 이용해요. 장기 기억은 평생 동안 지속돼요. 아주 기쁘거나 충격적인 강한 감정은 장기 기억에 영원히 기록될 수 있어요.

삽화적 기억
여름 방학 때 어디에 갔죠? 이것도 장기 기억 중 하나예요. 삽화적 기억은 정신의 일기장과 같아서 날짜와 시간이 함께 기억돼요. 삽화적 기억에는 보고 느낀 것을 포함한 모든 경험이 새겨져요.

사실 기억
세계에서 가장 높은 산은 무엇일까요? 이때에는 사실 기억이 사용되죠. 이것도 장기 기억 중 하나예요. 사실 기억은 학교에서 배운 내용들을 저장하는 거예요. 사실 기억은 계속 다시 확인해 줘야 해요. 그렇지 않으면 희미해질 거예요.

나서 다음 쪽으로 넘겨보세요. 새로운 얼굴이 있나요?

몇몇 기억은 시간과 함께 희미해지지만, 어떤 기억은 뇌에 영원히 남아요. 사람은 대개 3살 이전은 기억하지 못해요. 하지만 그 이후에는 기억이 조금씩 남기 시작해요. 우리가 하는 모든 경험은 뇌 안의 어딘가에 기록으로 남지만, 우리는 그것을 기억해 낼 수도 있고 그러지 못할 수도 있어요.

어떻게 하면 기억력이 좋아질까?

기억력을 향상시키는 방법은 수없이 많아요. 수업 내용을 기억하는 좋은 방법 중 한 가지는 읽으면서 써 보는 거예요. 이렇게 하면 중요한 내용에 집중해서 그것을 기억할 수 있어요. 다른 좋은 방법은 하루 뒤에, 일주일 후에, 한 달 후에 필기한 내용을 다시 읽는 거예요. 기억을 새롭게 할수록, 다시 기억해 내기가 쉬워질뿐더러 기억이 더 오래가요.

기억력 향상 비결

장기 기억을 돕는 리듬이나 암송법이 있어요. 이런 것들을 이용하면 재미없는 내용을 좀 더 기억하기 쉽게 만드는 무엇인가와 연결할 수 있어요. 예를 들면, 태양계 행성들의 순서를 이렇게 기억할 수 있어요.

> "수금지화목토천해명"

태양계 행성 이름의 첫 글자를 따서 순서대로 외우는 거예요.
수: 수성, 금: 금성, 지: 지구,
화: 화성, 목: 목성, 토: 토성,
천: 천왕성, 해: 해왕성, 명: 명왕성.

영어로 숫자를 순서대로 읽을 때, 기억하기 쉽도록 발음이 비슷한 단어의 이미지를 떠올려 볼 수 있어요.

1(one) 불 (burn)
2(two) 신발(shoe)
3(tree) 나무(tree)
4(four) 문(door)
5(five) 벌집(hive)
6(six) 막대기(sticks)
7(seven) 하늘(heaven)
8(eight) 대문(gate)
9(nine) 포도주(wine)
10(ten) 닭(hen)

그러면 각 숫자의 이미지를 이용해 상상할 수 있어요. 예를 들면 '1066'을 기억하기 위해 닭(hen)이 막대기(sticks) 두 개 위에 올라앉아 있는 모습을 떠올릴 수 있죠.

묻고 답하기

미안해. 잊어버렸어!

잊는 것도 기억하는 것만큼이나 중요해요. 뇌가 잊지 않는다면 수많은 시시콜콜한 기억들이 서로 뒤엉켜 버려서 아무것도 금방 생각해 낼 수 없을 거예요. 그래서 우리 뇌는 대개 재미있거나 이상한 것들은 걸러서 기억하고 나머지 다른 것들은 버린답니다.

놀라운 기억력!

어떤 사람들은 놀라운 기억력 묘기를 할 수 있어요. 이를테면, 섞어 놓은 52장의 카드를 한 번만 슬쩍 보고도 그 순서를 기억할 수 있어요. 하지만 그들조차 사진 같은 기억력을 갖고 있지는 않아요. 사진 같은 기억력을 남에게 보여 주는 사람들은 나름대로 생각해 낸 영리한 속임수를 연습하죠. 사진 같은 기억력은 이 세상에 없다고 봐야죠.

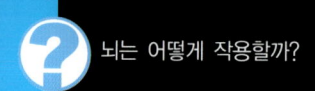 뇌는 어떻게 작용할까?

새로운 얼굴을 찾아낼 수 있나요? 뇌에는 얼굴을 알아보는

기억력을 검사해 보세요!

지금부터 자신의 기억력이 얼마나 좋은지 알아보는 검사를 해 보세요.

1 얼마나 많은 단어를 기억할 수 있을까?
- 정확히 30초 동안 아래의 12개 단어들을 기억하세요.
- 책을 덮고 1분 동안 가만히 있어요. 그리고 기억나는 단어들을 써 보세요.
- 얼마나 많은 단어들을 제대로 기억했는지 맞춰 보고, 96쪽을 펼쳐 결과를 확인하세요.

힌트: 기억할 때 단어의 뜻을 이미지와 연결하면 도움이 될 거예요.

> 종이　샐러드　컵
> 　당근　　　　식초
> 의자　　구토
> 　카펫　　먼지
> 조약돌　잼　　낙타

7 2 8 3 4 5

숫자는 대개 단어나 이미지보다 기억하기

기억력을 검사해 보세요!

타고난 능력이 있어요. 그래서 아마 이 검사는 쉬울 거예요.

2. 시각 기억력은 얼마나 좋을까?
- 정확히 30초 동안 아래의 쟁반에 놓인 물건들을 기억하세요.
- 책을 덮고 1분 동안 가만히 있어요. 그리고 기억나는 물건들의 이름을 써 보세요.
- 얼마나 많은 단어들을 제대로 기억했는지 맞춰 보고, 96쪽을 펼쳐 결과를 확인하세요.

힌트: 기억할 때 쟁반을 그대로 그리듯 하면 도움이 될 거예요.

7 3 6

3. 숫자 외우기
- 15초 동안 왼쪽의 숫자들을 기억하세요.
- 책을 덮고 1분 동안 가만히 있어요. 그리고 기억나는 대로 써 보세요.
- 제대로 기억했는지 맞춰 보고, 96쪽을 펼쳐 결과를 확인하세요.

힌트: 숫자를 중얼거리면서 외워 보세요.

어려울 거예요.

뇌를 변화시킬 수 있을까?

묻고 답하기

언제 가장 잘 배울까?

우리는 뭐든 가장 잘 배울 수 있는 특별한 나이가 따로 있어요. '보는 것'을 가장 잘 배우는 시기는 태어난 후 1년 동안이에요. 이때 아기의 눈에 이상이 있으면, 나중에 눈 자체는 좋아지더라도 아마 평생 앞을 볼 수 없을지 몰라요. '말하기'를 가장 잘 배우는 시기는 태어난 후 11년 동안이에요. 이 시기에 말을 배우면 어느 나라 말이든 유창하게 말할 수 있어요.

연습한다고 잘할까?

스케이트 타기나 자동차 운전처럼 몸을 쓰는 기술은 소뇌를 이용하는 특별한 학습과 관련이 있어요. 까다로운 신체 기술을 배우기 시작할 때 각각의 근육을 어떻게 움직여야 하는지에 대해 열심히 생각해야 해요. 그러면 집중해서 몸을 의식적으로 움직이기 위해 대뇌피질을 사용하게 돼요. 하지만 어느 정도의 연습 이후에는 운동이 의식적인 수준을 넘어서요. 소뇌가 연습으로 얻은 운동 능력을 이어받아 마치 자동 조종 장치처럼 몸을 조종해요.

뇌는 유연해요. 뇌는 컴퓨터와 달리 소프트웨어를 바꾸지 않고 하드웨어를 바꿈으로써 배우거나 적응할 수 있어요. 우리는 약 1000억 개의 뇌 세포를 가지고 태어나요. 하지만 뇌 세포들 간의 연결은 평생 동안 변해요. 뇌는 끊임없이 새로운 전기 회로를 만들면서 스스로 뇌 세포들의 연결을 바꾸고 새로 엮음으로써 배울 수 있어요.

우리가 만나는 사람, 들르는 곳, 보는 사물, 배우는 기술, 심지어 꿈까지 포함한 모든 것들이 뇌의 물리적 구조를 바꿀 수 있어요. 살아가는 동안 익히는 경험은 뇌 안의 복잡한 연결망 속에 흔적을 남기죠.

아무도 '나'와
똑같은 삶을 살 수 없기 때문에,
누구의 뇌도 '나'의 뇌와 똑같지 않아요.

뇌를 훈련할수록 두뇌 회전이

새로운 기술을 익히거나 무엇인가를 기억하려고 할 때마다, 뇌 안의 뇌 세포 연결이 변해요. 그리고 기술을 연습하거나 기억을 새롭게 할 때마다, 뇌 안에 약간은 더 강한 전기 회로가 만들어져요. 마치 들판을 가로지르는 길을 내듯 말예요.

뇌는 언제 가장 많이 변할까?

뇌는 평생 동안 변해요. 하지만 특별히 빨리 변하는 어떤 시기가 있어요. 태어난 후 2~3년 동안 아기의 뇌 세포들끼리의 연결이 엄청나게 빨리 늘어나요. 하지만 3살 이후부터는 뇌가 필요 없는 연결을 없애고 쓸모없는 뇌 세포를 죽이면서 가지를 정리하기 시작해요. 뇌 세포의 연결이 왕성해지는 또 다른 시기는 사춘기 직전인 11~12살이에요. 사춘기 동안 늘어난 뇌 세포 연결은 청소년기 동안에 다시 정리된답니다.

뇌를 훈련시킬 수 있을까?

어떤 면에서 뇌는 근육과 같아요. 뇌의 특별한 부위를 많이 훈련시키면, 뇌 기능이 좋아져요. 과학자들은 바이올린 연주자들의 뇌에서, 왼손을 조절하는 데 관여하는 뇌 영역이 보통 사람보다 넓다는 것을 알아냈어요. 바이올린 연주자의 왼손은 오른손이 활로 현을 켜는 동안 한쪽에서 현을 눌러주는 힘든 역할을 하죠. 비슷하게는, 앞을 보지 못해 점자책을 읽는 사람들의 뇌는 촉각에 관여하는 영역이 유별나게 넓답니다.

묻고 답하기

잠이 공부에 도움이 될까?

컴퓨터 게임의 힘든 한 판을 깨려 하거나 어려운 피아노 곡을 열심히 연습할 때, 자고 나서 아침에 해 보면 더 쉬울 수도 있어요. 신경과학자들은 잠과 학습 사이에 어떤 관계가 있다고 생각해요. 특히 많은 연습이 필요한 신체 기술일 경우에요. 또 수학 퍼즐처럼 어려운 정신 활동을 할 때에도 잠이 도움이 될 수 있다는 증거가 있어요.

집중!

공부를 하려면 주의력이 있어야 해요. 뇌는 재미있거나 주의력이 집중되는 내용만 받아들여요. 재미없고 지겹거나 집중이 안 되기 시작할 때에는 잠시 공부를 멈추세요.

뇌는 스스로 회복될까?

뇌졸중이나 상처로 뇌 손상을 입은 사람들은 종종 기적적인 회복을 보여요. 뇌졸중이 생기면 몸이 마비되고 말을 할 수 없어요. 하지만 몇 달 후에 다시 걷거나 말할 수도 있어요. 이것은 뇌가 유연하기 때문이에요. 예를 들어, 뇌의 왼쪽 반에 있는 언어 중추가 손상되면, 뇌의 오른쪽 반이 같은 역할을 배울 수 있기 때문이에요.

더 활발하고 빨라져요.

뇌는 어떻게 작용할까?

나는 천재일까?

묻고 답하기

IQ란 무엇일까?
IQ(지능 지수) 검사는 지능을 측정하는 가장 유명한 방법이에요. 이 검사는 공간 지각력, 언어 능력, 계산 능력을 검사해서 종합 점수를 매겨요. IQ 검사는 원래 학교 공부에 어려움이 있는 아이들을 구별하기 위해서 만들어진 거예요. 이 검사를 하면 학교 공부를 얼마나 잘할 수 있는지 알 수 있어요. 하지만 IQ가 높다고 해서 나중에 꼭 성공하는 것은 아니에요.

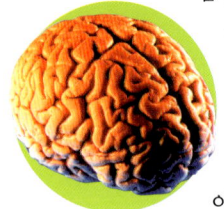

유전자가 IQ를 결정할까?
안정되고 건강한 가정에서 자란 일란성 쌍둥이가 서로 IQ가 다른 이유는 대개 유전자와 관계가 있어요. 하지만 그렇지 못한 가정에서 자란 일란성 쌍둥이가 서로 IQ가 다른 이유는 대개 환경 탓이에요. 이 결과를 두고 말이 많지만, 유전자와 환경은 모두 IQ에 영향을 준답니다.

나는 무엇을 가장 잘할까?
지능은 수학을 얼마나 잘하는지 또는 말로 자기를 얼마나 잘 표현하는지를 포함한 아주 다양한 능력들을 뜻한답니다. 다음에 나온 지능 검사들을 스스로 해 보면 자신이 무엇을 가장 잘하는지 알 수 있을 거예요.

공간 지각력

공간 지각력은 마음속에 어떤 모양을 떠올려서 마음대로 움직일 수 있는 능력이에요. 이런 지능은 기계 장치의 구조를 이해하거나 지도를 읽을 때 큰 도움이 돼요. 보통 공간 지각력은 여성보다 남성이 뛰어나요.

언어 능력

이것은 글을 읽고 쓰고 말하고 듣는 능력을 뜻해요. 언어 능력이 뛰어난 사람들은 빨리 읽고 그 내용을 쉽게 이해해요. 또 글을 써서 자신을 잘 표현할 수도 있어요. 보통 여성이 남성보다 언어 능력이 뛰어나요.

무엇이든 전문가가 되려면 10,000시간

똑똑한 사람은 그저 많이 알거나, 논리적인 문제를 푸는 지능이 높거나, 상상력이 풍부한 사람일까요? 똑똑함은 타고나는 것일까요, 아니면 연습을 해서 얻는 것일까요?

계산 능력

계산 능력은 논리적 사고력이나 분석 능력을 뜻해요. 수학이 쉬우면 계산 능력이 뛰어나다고 볼 수 있죠. 어떤 사람들은 언어 능력은 낮지만 계산 능력은 아주 뛰어나요.

수평적 사고력

수평적 사고력이란 논리적인 답이 없을 듯한 문제를 풀기 위해 상상력을 발휘하는 능력을 말해요. 수평적 사고력 문제는 아주 어려울 수 있어요. 이런 문제를 잘 풀면, 창조력이 아주 뛰어나다고 할 수 있어요.

감성 지능

다른 사람들이 어떻게 느끼고 생각하는지 잘 이해한다면, 감성 지능이 높다고 할 수 있어요. 감성 지능이 높은 사람들은 비록 IQ 검사 결과에서 다른 점수들이 낮더라도, 대개 아주 성공적인 삶을 살아요.

묻고 답하기

IQ를 높일 수 있을까?

IQ는 고정된 것이 아니에요. 학교에서 열심히 공부하면 IQ가 높아져요. 전 세계 사람들의 평균 IQ는 100년 전보다 높아졌어요. 아마 과거보다 교육을 더 잘 받아서일 거에요. 일본에서는 평균 IQ가 50년 동안 12나 올라갔어요. 이것은 환경이 IQ에 큰 영향을 준다는 것을 다시 한 번 보여 주었죠.

천재는 어떻게 탄생할까?

천재는 어떤 분야에서 월등히 뛰어난 능력을 지닌 사람이에요. 아인슈타인은 지금까지 살았던 가장 훌륭한 과학 천재라고 할 수 있어요. 그가 세상을 떠나자, 다른 과학자들은 그의 뇌가 얼마나 특별한지 알아보려고 그의 뇌를 잘라서 관찰했어요. 하지만 다른 사람들의 뇌와 다른 게 없었어요. 아인슈타인은 학교 공부를 못했고 선생님도 싫어했어요. 아인슈타인의 비밀은 과학을 엄청나게 좋아하는 집념에 있어요. 집념은 모든 천재들의 공통점 중 하나이고, 이것은 종종 어릴 적부터 시작돼요.

동안은 연습을 해야 한답니다!

뇌는 어떻게 작용할까

공간 지각력

공간 지각력 검사

다음 문제들을 20분 안에 다 풀어 보세요. 답은 96쪽에 있으니 나중에 확인하세요.

① 피자 한 판을 8조각으로 나누려면, 칼질을 몇 번 해야 할까요?
ㄱ) 8번
ㄴ) 2번
ㄷ) 16번
ㄹ) 6번
ㅁ) 4번

② 육면체에는 모서리가 몇 개 있을까요?
ㄱ) 8개
ㄴ) 12개
ㄷ) 16개
ㄹ) 6개
ㅁ) 4개

③ 다음 중 어느 것이 회색과 모양이 같을까요?

ㄱ ㄴ ㄷ ㄹ ㅁ

④ 다음 중 어느 것이 다른 것들과 모양이 다를까요?

 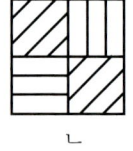 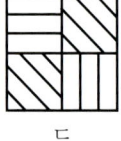 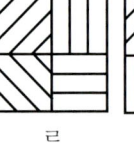 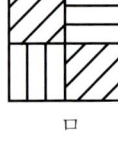
ㄱ ㄴ ㄷ ㄹ ㅁ

⑤ 다음 중 어느 것이 다른 것들과 모양이 다를까요?

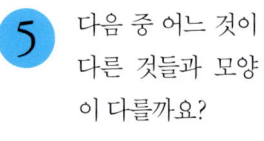
ㄱ ㄴ ㄷ ㄹ ㅁ

    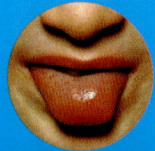  

언어 능력

언어 능력 검사

다음 문제들을 20분 안에 다 풀어 보세요. 답은 96쪽에 있으니 나중에 확인하세요.

① 인도와 아시아, 그럼 이탈리아와 무엇일까요?

② 얼음과 물, 그럼 고체와 무엇일까요?

③ 미터와 거리, 그럼 킬로그램과 무엇일까요?

④ 거인과 난쟁이, 그럼 기쁨과 무엇일까요?

공간 지각력 검사/ 언어 능력 검사

6 윗줄의 4개 다음에 와야 하는 모양은 어느 것일까요?

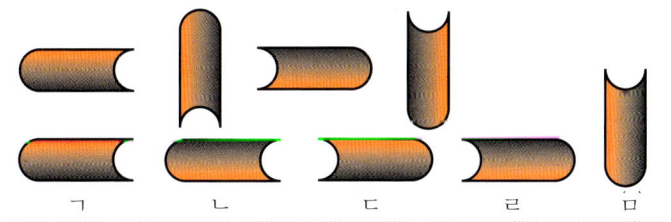

ㄱ　　ㄴ　　ㄷ　　ㄹ　　ㅁ

7 빨간 자물쇠에 맞는 파란 열쇠는 어느 것일까요?

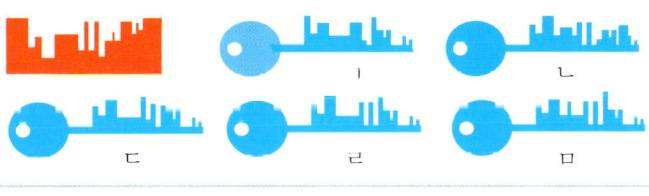

8 윗줄의 맨 끝에 와야 하는 모양은 어느 것일까요?

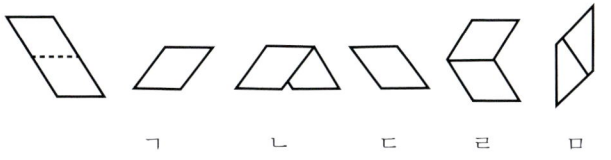

9 보기의 종이를 점선을 따라 접으면 어떤 모양이 될까요?

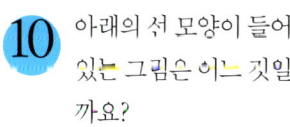

ㄱ　　ㄴ　　ㄷ　　ㄹ　　ㅁ

10 아래의 선 모양이 들어 있는 그림은 어느 것일까요?

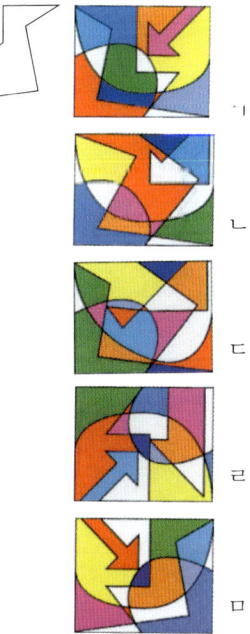

---

9 다음 중 어울리지 않는 단어는 무엇일까요?

ㄱ) 찬성하다
ㄴ) 말다툼하다
ㄷ) 부정하다
ㄹ) 논쟁하다
ㅁ) 반대하다

10 다음 중 어울리지 않는 단어는 무엇일까요?

ㄱ) 말
ㄴ) 소
ㄷ) 캥거루
ㄹ) 당나귀
ㅁ) 염소

11 '건설하다' 와 비슷한 뜻의 단어는 무엇일까요?

ㄱ) 파괴하다
ㄴ) 빌딩
ㄷ) 담쌓다
ㄹ) 짓다
ㅁ) 다리

12 '다양하다' 와 비슷한 뜻의 단어는 무엇일까요?

ㄱ) 비슷하다
ㄴ) 거미
ㄷ) 다채롭다
ㄹ) 재난
ㅁ) 주판

13 '필요하다' 와 비슷한 뜻의 단어는 무엇일까요?

ㄱ) 모자라다
ㄴ) 하모니카
ㄷ) 기름
ㄹ) 남다
ㅁ) 긴요하다

14 '회전하다' 와 비슷한 뜻의 단어는 무엇일까요?

ㄱ) 돌다
ㄴ) 둘러싸다
ㄷ) 뒤집다
ㄹ) 튀기다
ㅁ) 무너지다

15 "어떤 A가 B라면, 어떤 B는 C이다. 그러면 어떤 A는 분명 C이다." 이 표현이 옳을까요, 틀릴까요?

ㄱ) 옳다
ㄴ) 틀리다
ㄷ) 이따금 옳다
ㄹ) 이따금 틀리다
ㅁ) 모른다

16 "어리석은 사람은 (　) 만 알고 둘은 모른다." 괄호 안에 알맞은 말은 무엇일까요?

ㄱ) 온달
ㄴ) 하나
ㄷ) 아인슈타인
ㄹ) 자신
ㅁ) 당신

계산 능력 검사

자신이 숫자 계산을 얼마나 잘하는지 알아보죠. 다음 문제들을 30분 안에 다 풀어 보세요. 답은 96쪽에 있으니 나중에 확인하세요. 다른 검사들보다 어려울 테니 성급하게 풀지 마세요. 몇 문제에는 함정도 있어요.

1 농부가 2미터 간격으로 떨어져 있는 나무 말뚝에 철사를 둘러 10미터짜리 울타리를 만들어요. 몇 개의 말뚝이 필요할까요?
- ㄱ) 10개
- ㄴ) 2개
- ㄷ) 4개
- ㄹ) 5개
- ㅁ) 6개

2 1부터 7까지의 모든 숫자를 합하면 얼마일까요?
- ㄱ) 8
- ㄴ) 15
- ㄷ) 22
- ㄹ) 25
- ㅁ) 28

3 모레는 화요일의 그저께예요. 오늘은 무슨 요일일까요?
- ㄱ) 금요일
- ㄴ) 토요일
- ㄷ) 일요일
- ㄹ) 월요일
- ㅁ) 화요일

4 아래의 숫자들 다음에 이어질 숫자는 무엇일까요?

1, 2, 3, 5, 8, 13, …
- ㄱ) 15
- ㄴ) 17
- ㄷ) 19
- ㄹ) 21
- ㅁ) 23

5 두 명의 요리사가 1분에 감자 두 개의 껍질을 벗겨요. 10분 동안 감자 20개의 껍질을 벗기려면 몇 명의 요리사가 있어야 할까요?
- ㄱ) 1명
- ㄴ) 2명
- ㄷ) 3명
- ㄹ) 4명
- ㅁ) 5명

6 1985516과 양(sheep), 그럼 231526과 무엇일까요?
- ㄱ) 늑대(wolf)
- ㄴ) 말(horse)
- ㄷ) 영양(antelope)
- ㄹ) 염소(goat)
- ㅁ) 소(cattle)

수평적 사고력 검사

이 검사를 하려면 상상력이 필요해요. 문제가 어려우니까 힘들면 다른 사람에게 물어 보세요. 대부분의 문제를 틀리더라도 놀라지 마세요. 답은 96쪽에 있어요.

1 나는 문이나 창문이 없는 작은 집에 혼자 살아요. 이 집을 떠나려면 벽을 부숴야 해요. 나는 무엇일까요?

2 봄이에요. 어떤 사람의 집 앞뜰에 당근 한 개와 숯 2조각이 있어요. 이것들이 왜 여기 있을까요?

3 어떤 사람이 배낭을 맨 채 들판에 죽어 있어요. 이 사람은 왜 여기 있을까요?

4 두 아기가 같은 병원에서, 같은 해, 같은 달, 같은 날, 거의 같은 시간에 같은 엄마로부터 일란성 쌍둥이로 태어났어요. 그런데 왜 이 두 아기는 형제가 아닐까요?

계산 능력 검사/ 수평적 사고력 검사

7 브라이언과 케빈은 정원에서 달팽이 30마리를 잡았어요. 그런데 브라이언이 케빈보다 다섯 배나 많이 잡았어요. 케빈은 몇 마리를 잡았을까요?
ㄱ) 6마리
ㄴ) 8마리
ㄷ) 3마리
ㄹ) 4마리
ㅁ) 5마리

8 달리기를 하다가 2등을 앞질렀어요. 그럼 이제 몇 등일까요?
ㄱ) 꼴찌
ㄴ) 4등
ㄷ) 3등
ㄹ) 2등
ㅁ) 1등

9 제시카는 니콜보다 키가 커요. 마리아는 제시카보다 작아요. 다음 중 옳은 말은 무엇일까요?
ㄱ) 마리아가 니콜보다 커요.
ㄴ) 마리아가 니콜보다 작아요.
ㄷ) 마리아는 니콜과 비슷해요.
ㄹ) 뭐라 말할 수 없어요.
ㅁ) 마리아는 니콜의 여동생이에요.

10 거위들이 한 줄로 걸어가고 있어요. 한 거위 앞에 두 마리의 거위가 있고, 한 거위 뒤에 두 마리의 거위가 있으며, 가운데에 한 거위가 있어요. 거위는 모두 몇 마리일까요?
ㄱ) 1마리
ㄴ) 5마리
ㄷ) 3마리
ㄹ) 7마리
ㅁ) 2마리

11 800의 10분의 1의 4분의 1의 2분의 1은 얼마일까요?
ㄱ) 2
ㄴ) 5
ㄷ) 8
ㄹ) 10
ㅁ) 40

12 서울에서 통영까지 약 300킬로미터예요. 완행버스가 통영에서 출발할 때와 동시에 고속버스가 서울에서 출발했어요. 고속버스의 속도는 완행버스의 두 배예요. 그럼 두 버스가 마주 지나쳤을 때 완행버스는 몇 킬로미터나 달렸을까요?
ㄱ) 100킬로미터
ㄴ) 150킬로미터
ㄷ) 200킬로미터
ㄹ) 133킬로미터
ㅁ) 266킬로미터

13 데이비드는 4살이고, 누나 새라의 나이는 데이비드의 3배예요. 데이비드가 12살이면 새라는 몇 살일까요?
ㄱ) 16살
ㄴ) 20살
ㄷ) 24살
ㄹ) 28살
ㅁ) 36살

14 아래의 숫자들 다음에 이어질 숫자는 무엇일까요?

144, 121, 100, 81, 64, …

ㄱ) 55
ㄴ) 49
ㄷ) 36
ㄹ) 16
ㅁ) 9

15 어떤 자동차가 30분에 23킬로미터를 달려요. 그럼 이 차의 속도는 얼마일까요?
ㄱ) 시속 23킬로미터
ㄴ) 시속 30킬로미터
ㄷ) 시속 46킬로미터
ㄹ) 시속 52킬로미터
ㅁ) 시속 60킬로미터

5 자동차 덮개로 네모난 천보다 둥근 천이 나은 이유는 무엇일까요?
힌트: 덮개를 옆으로 돌린다고 생각해 보세요.

6 어떤 사람이 파티에 갔다가 음료수를 마셨어요. 그러고 나서 그는 일찍 집으로 돌아왔어요. 그런데 파티에 참석한 다른 모든 사람들은 음료수에 든 독 때문에 죽었어요. 왜 그는 죽지 않았을까요?

8 아래층의 스위치 3개에 위층 방의 전등 3개가 연결되어 있어요. 아래층에서 위층 방으로 1번만 가 보고도 어떻게 어느 전등에 어느 스위치가 연결되어 있는지 알 수 있을까요?
힌트: 전등에는 모두 전구가 있답니다.

9 어떤 사람이 한 건물의 10층에 살고 있어요. 매일 그는 승강기를 타고 1층으로 내려가 출근해요. 집으로 돌아올 때는 7층까지만 승강기를 타고 나머지는 걸

나는 어떤 사람일까?

나는 도전 정신이 강하고
사귐성도 좋은 걸까?
아니면 약아빠진 사람이 두려워 혼자서
따로 노는 걸까?

여러분은 친구들과 함께 늦게까지 어울려 노는 편인가요?
아니면 일찍 잠자리에 들고 책읽기를 좋아하나요?
어느 쪽이든 여러분의 사는 모습은 왜 그럴까요?
부모님 때문에, 아니면 유전자 때문에?

모든 사람들은 저마다
다른 버릇과 단점이 섞인 자기만의 성격을 지니고 있어요.
다른 무엇보다 성격이야말로
'나'를 '나'이게 한답니다.

나는 어떤 사람일까?

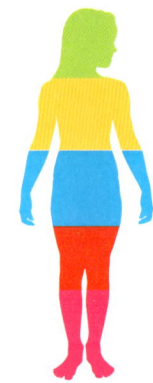

성격을 검사해 보세요.

1. 조금 위험한 일을 하고 싶어 하나요?
2. 누군가를 좋아하지 않을 때, 자기가 그 사람을 어떻게 생각하는지에 대해 상대에게 말하기를 꺼리나요?
3. 전화로 오랫동안 통화하기를 좋아하나요?
4. 다른 사람들의 생일을 잘 기억하나요?
5. 친구를 한꺼번에 여럿을 사귀나요? (하나나 둘만 사귄다면 '아니오' 라고 답하면 돼요.)
6. 남들이 자신에게 하는 비판에 아주 민감하세요?
7. 취미에 쉽게 지루함을 느껴 새로운 취미를 찾나요?
8. 처음 만나는 사람과 말을 잘하고, 알고 지내려고 서로 연락을 주고받나요?
9. 늘 숙제를 제 시간에 하나요?
10. 불행한 사람들을 보면 가엾다고 느끼나요?
11. 심란할 때 마음을 잘 가라앉히는 편인가요?
12. 누군가 자신을 화나게 하면 용서하거나 잊어버리나요?
13. 다른 사람들이 자신에게 수줍음을 탄다고 말하나요?
14. 주말 동안 무엇을 할지 계획을 세우는 편인가요?
15. 자기 방을 늘 깔끔하고 깨끗하게 관리하나요?
16. 다른 사람들과 말다툼을 거의 하지 않나요?

점수 계산법

개방성
문제 7, 17, 20, 24, 26에 '예' 라고 하면 각각 2점. 문제 14에 '아니오' 라고 하면 2점. 문제 7, 14, 17, 20, 24, 26에 '글쎄요' 라고 하면 각각 1점. 점수를 더해 보세요. 3점 이하이면 낮음. 4~8점이면 보통. 9점 이상이면 높음.

성실성
문제 4, 9, 15, 19, 21, 29에 '예' 라고 하면 각각 2점. 문제 4, 9, 15, 19, 21, 29에 '글쎄요' 라고 하면 각각 1점. 점수를 더해 보세요. 3점 이하이면 낮음. 4~8점이면 보통. 9점 이상이면 높음.

외향성
문제 1, 3, 5, 8, 22에 '예' 라고 하면 각각 2점. 문제 13에 '아니오' 라고 하면 2점. 문제 1, 3, 5, 8, 13, 22에 '글쎄요' 라고 하면 각각 1점. 점수를 더해 보세요. 3점 이하이면 낮음. 4~8점이면 보통. 9점 이상이면 높음.

이 검사를 해 보면 자기 성격에 대해 더 많이 알 수 있을 거예요. 각각의 문제 아래에 '예', '아니오', '글쎄요' 중 하나를 쓰세요. 이 문제들에는 정답이 없어요. 가급적 빨리 솔직하게 답하세요. 아래의 점수 계산법에 따라 점수를 매긴 후에, 책장을 넘겨 다음 쪽에서 자신의 검사 결과가 무엇을 뜻하는지 알아보세요.

17. 낯선 곳을 탐험하기를 좋아하나요?
18. 다른 사람들이 자기를 어떻게 생각할지 두렵나요?
19. 설거지를 도와주겠다고 한 적이 있나요?
20. 자기가 약간 반항적이라고 생각하나요?
21. 늘 하는 일에 최선을 다 하나요?
22. 번지 점프, 스카이다이빙, 래프팅을 좋아하나요?
23. 사소한 일에 자주 화를 내나요?
24. 좋아하는 음악이나 옷이 계속 바뀌나요?
25. 다른 사람들을 쉽게 믿는 편인가요?
26. 예술적이거나 창조적인 취미를 좋아하나요?
27. 다른 사람과 의견이 다를 때, 말을 안 하는 편인가요?
28. 스스로 자신이 근심 없고 느긋하다고 생각하나요?
29. 책을 읽기 시작하면 대개 끝까지 읽나요?
30. 걱정을 잘하는 편인가요?

대답하기가 곤란하면 '글쎄요' 라고 답해도 돼요.

관용성
문제 2, 10, 12, 16, 25, 27에 '예' 라고 하면 각각 2점. 문제 2, 10, 12, 16, 25, 27에 '글쎄요' 라고 하면 각각 1점. 점수를 더해 보세요. 3점 이하이면 낮음. 4~8점이면 보통. 9점 이상이면 높음.

불안정성
문제 6, 18, 23, 30에 '예' 라고 하면 각각 2점. 문제 11, 28에 '아니오' 라고 하면 각각 2점. 문제 6, 11, 18, 23, 28, 30에 '글쎄요' 라고 하면 각각 1점. 점수를 더해 보세요. 3점 이하이면 낮음. 4~8점이면 보통. 9점 이상이면 높음.

이제 다음 쪽으로 넘어가서 자신의 성격을 확인하세요.

나는 어떤 사람일까?

내 성격은 어떨까?

어떤 사람들은 말이 많고 개방적이지만, 어떤 사람들은 조용하고 수줍음을 타죠. 어떤 사람들은 화를 잘 내지만, 어떤 사람들은 전혀 흥분하지 않아요. 성격이란 어떤 사람들에게는 호의적으로, 다른 어떤 사람들에게는 호의적이지 않게 우리가 나름대로 판단하는 거예요. 그러니까 어떻게 성격을 과학적으로 연구할 수 있겠어요? 심리학자들은 성격을 다양한 특성들로 나눔으로써 이 문제를 해결한답니다.

누구나 아래의 모든 성격 특성들이

성실성

성실성에서 높은 점수를 받았다면, 아마 이해력이 뛰어나고 믿음직스럽고 매우 부지런한 사람일 거예요. 성실한 사람들은 이따금 까다롭기는 하지만, 모든 일에 최선을 다하고 대개 아주 깔끔하고 단정하려고 노력해요. 만약 낮은 점수를 받았다면, 아마 약간 부주의하고 숙제나 설거지 같은 일을 지겨워할 거예요.

외향성

외향적인 사람들은 흥분과 재미를 즐길 거예요. 만약 높은 점수를 받았다면, 아마 매우 자신감이 넘치고 이야기하기를 좋아하고 사람들과 어울리는 것도 좋아할 거예요. 또 위험에 맞서는 도전 정신도 강할 거예요. 만약 낮은 점수를 받았다면, 내향적인 편일 거예요. 내향적인 사람은 대개 수줍음을 잘 타고 조심성이 많아요. 이런 사람은 모르는 사람들 사이에 있는 것보다 잘 아는 친구들과 지내는 것을 더 좋아해요.

불안정성

불안정성은 신경이 얼마나 예민하고 감정적으로 민감한지를 나타내는 특성이에요. 불안정한 사람은 남들보다 더 쉽게 당황하고 걱정하고 흥분하죠. 그 반대인 사람은 매우 차분하고 느긋해서 결코 감정적으로 변하지 않아요. 이따금 세상에 무관심해 보이기도 한답니다.

5요인 성격 검사

심리학자들이 성격을 연구하기 위해 이용하는 아주 흔한 검사 중 하나는 '5요인 성격 검사'에요. 이것은 성격을 아래에 보이는 다섯 가지의 특성들로 나누어 검사하는 거예요. 이 특성들은 서로 달라서, 한 특성에서의 점수가 다른 특성들에서의 점수에 영향을 주지 않아요.

예를 들면 여러분은
아주 외향적이면서도 매우 관용적일 수도 있어요.

5요인 성격 검사를 제대로 받으려면, 심리학자들이 만든 문제들을 솔직하게 빨리 모두 풀기만 하면 돼요. 앞 쪽의 검사를 받고 매긴 점수에서 약간의 힌트는 얻었겠지만, 결과가 실망스러워 보이더라도 걱정하지 마세요.

유전자가 성격을 결정할까?

일란성 쌍둥이를 연구해 보니 유전자가 성격에 큰 영향을 준다는 결과가 나왔어요. 어느 연구에서는 검사를 받은 사람들의 5요인 성격 검사 점수로 볼 때, 유전자가 성격 차이에 40퍼센트가량의 영향을 주었고, 환경은 35퍼센트가량의 영향을 끼쳤어요. 나머지 25퍼센트는 오류였어요.

조금씩은 있답니다.

관용성

관용성은 얼마나 쉽게 공감하는지를 나타내는 특성이에요. 만약 높은 점수를 받았다면, 아마 사람들에게서 협동심이 있고 성격이 좋다는 말을 들을 거예요. 만약 낮은 점수를 받았다면, 너무 거침없이 말하거나 이따금 말싸움을 벌일 거예요. 사람들은 나이가 들수록 더 관대해진답니다.

개방성

만약 아주 개방적이라면, 새로운 경험과 변화를 좋아할 거예요. 또 계획에 따르기보다는 충동적으로 결정을 내리고, 한 가지 일에 푹 빠지기보다는 여러 가지 일들을 조금씩 해 보려고 하죠. 낮은 점수를 받은 사람들은 낯익은 환경과 일상적인 것들을 좋아해서 하나의 일에 깊이 몰두할 거예요.

묻고 답하기

나는 변할 수 있을까?

자신의 성격이 나쁘다고 생각한다면, 걱정일랑 마세요. 성격은 평생 동안 변해요. 심지어 어른이 되어서도요. 20대와 30대에도 관용성과 성실성이 좋아질 수 있어요. 여성들은 불안정성과 외향성이 나이가 듦에 따라 줄어들어요. 남성들은 불안정성과 외향성이 비록 처음에는 여성들보다 낮지만 나중에는 여성들과 똑같아져요.

나에게 무슨 직업이 어울릴까?

다양한 성격에 맞는 다양한 직업이 있어요. 수줍음을 많이 타면, 사람들을 만나는 일보다는 가만히 한 곳에서 일만 하는 직업이 좋을 거예요. 자신의 성격을 이해하면, 자신이 지닌 능력을 확인해서 자신에게 가장 적합한 일을 찾는 데 도움이 될 거예요. 하지만 사람들은 변한다는 것을 기억하세요. 예를 들면, 많은 사람들은 나이가 듦에 따라 수줍음을 이겨낸답니다.

형제자매들 중 몇째인지가 중요할까?

어떤 사람들은 가족 중에서 몇째로 태어났는가가 성격에 강한 영향을 준다고 말해요. 이를테면, 맏이는 대개 이해심이 제일 좋아요. 반면에 동생들은 대개 삶에 대한 의욕이 강해요. 하지만 신중한 연구 결과에 따르면, 이런 영향들은 단지 가족 안에서만 해당하는 것 같아요. 집을 떠나 친구들과 지내게 되면, 살아가는 방식이 가족 안에서의 위치와는 전혀 상관이 없어져요.

나는 어떤 사람일까?

묻고 답하기

나는 왜 수줍어할까?
내향적인 사람은 다른 사람들을 만날 때 어색해하거나 불안해해서 아예 사람 만나는 것을 꺼리기도 해요. 수줍어하는 것은 잘못된 게 아니에요. 아주 중요한 보호 본능이에요. 대부분의 사람들이 수줍음을 숨기는 데 능숙해지고 나이가 듦에 따라 자신감이 강해지기는 하지만, 모든 사람은 이따금 수줍어해요. 사람들은 또한 십대를 지나 남의 눈을 덜 의식하게 되면서 수줍음을 덜 타고 사귐성도 좋아져요.

나는 양향 성격자일까?
사람들은 대부분 완전히 외향적이거나 내향적이지 않아요. 사실은 그 둘의 가운데라 할 수 있는 양향 성격자예요. 양향 성격자는 낯선 사람에게 수줍음을 타지만 친구나 가족과는 아주 자신감이 넘치고 붙임성도 좋아요.

친구를 몇 명이나 사귈까?
대부분의 사람들은 자신이 얼마나 인기 있는지를, 특히 십대에 가장 궁금해 해요. 외향적인 사람은 항상 친구들에 둘러싸여 있는 것처럼 보이고, 내향적인 사람은 단 한 명의 절친한 친구와만 시간을 보내는 듯해요. 얼마나 많은 친구를 사귀어야 하는지에 대한 올바른 해답은 없어요.

자기 성격에 대해 생각하는 방식 중 하나는 스스로 외향적인지, 아니면 내향적인지 알아보는 거예요. 여러분은 사람들과 어울리며 활동을 하는 외부 세계에 열중하나요, 아니면 아이디어나 정신적인 경험과 관계있는 내적 세계에 열중하나요? 또 여러분은 손

내향적일까

여러분이 내향적이라면, 이럴 거예요.
- 조용하고 수줍어해요.
- 진지하고 조심성이 있죠.
- 민감하고 생각이 깊어요.
- 스스로에 만족해요.

내향적인 사람은 보통 말하거나 행동하기 전에 깊이 생각하고 다른 사람들의 말을 잘 들어줘요. 또 부끄럼을 잘 타고 조용해서 이따금 뚱하거나 불친절해 보이기도 해요. 내향적인 사람은 대개 혼자서 일하거나, 신중하게 생각해야 하거나, 정보를 분석하는 일을 잘해요.

아이디어, 사람들, 모험, 책, 모임, 파티………

내향적일까, 외향적일까?

에 땀을 쥐게 하는 것을 찾아다니고 친구들과 어울리는 것을 좋아하나요, 아니면 많은 사람들과 떨어져서 혼자서 시간 보내는 것을 좋아하나요?

외향적일까?

여러분이 외향적이라면, 이럴 거예요.
- 사교성이 좋고 말도 잘해요.
- 모험심이 강하고 짜릿한 것을 좋아해요.
- 자신감이 있고 단호해요.
- 쉽게 싫증을 내요.

외향적인 사람은 다른 사람들을 만나면 활기를 띠어요. 이런 사람은 자신감이 넘치고 친구를 쉽게 사귀죠. 그리고 아주 재미있는 사람일 거예요. 하지만 이따금 외향적인 사람은 깊이가 없거나 목소리만 크기도 해요. 외향적인 사람은 많은 사람들을 만나는 활동적인 일을 잘하고 위대한 지도자가 될 수도 있어요.

묻고 답하기

나는 파티 중독자?
외향적인 사람은 모임에 가서 새로운 사람들을 사귀는 것을 좋아해요.
외향적인 사람은 자신감 있게 말을 하고 사람들과 금방 친해져요. 그래서 금세 이름이 알려지죠. 그렇지만 내향적인 사람처럼 외향적인 사람도 정말 가깝게 지내는 친구는 아주 적을 거예요.

짜릿한 게 좋아!
몇몇 심리학자들은 외향적인 사람이 내향적인 사람보다 자극에 덜 민감하도록 하는 유전자를 지니고 있다고 생각해요. 이 이론에 따르면, 내향적인 사람은 쉽게 자극되어 사람들과의 만남에서 스트레스를 많이 받아요. 그러면 수줍음을 타서 사람들을 멀리하게 되죠. 반면에 외향적인 사람은 지루해지기 싫어서 자극을 찾아다녀요. 그래서 외향적인 사람은 스카이다이빙이나 번지 점프 같은 위험하고도 짜릿한 스포츠를 즐기는 경우가 많아요.

레몬주스 검사를 해보세요.

자신이 어떤 친구보다 내향적인지 알아보려면 혀에다 레몬주스를 몇 방울 떨어뜨려 보세요. 그리고 나서 입에 고인 침을 유리판에 살짝 뱉으세요. 내향적인 사람은 자극에 민감하기 때문에 외향적인 사람보다 침이 더 많이 나와요.

여러분은 어떤 것을 좋아하죠?

내 뇌의 성별은

여러분이 여성의 뇌를 가지고 있다면, 이런 걸 잘해요.
- 언어, 독서, 글쓰기처럼 왼쪽 뇌를 사용하는 일
- 다른 사람의 감정 이해하기
- 누군가 거짓말하고 있을 때 알아차리기
- 신체 언어 이해하기
- 크게 생각하고 이해하기

여러분은 컴퓨터 고치기 같은 남성적인 기술에 능숙한 여성이거나, 사회생활 능력이 뛰어난 남성일 거예요.

심리학자들은 남성과 여성의 뇌가 서로 다른 능력을 지니고 있다고 생각해요. 이 차이가 아주 크거나 누구에게나 똑같지는 않아요. 그저 평균이랍니다. 평균적으로 여성의 뇌는 다른 사람의 감정을 이해하는 일처럼 공감이 필요한 일을 더 잘해요. 평균적으로 남성의 뇌는 기계가 작동하는 원리를 이해하는 일처럼 조직적인 일을 더 잘해요. 그리고 이런 차이는 태어나면서부터 가지는 거예요. 남성과 여성이 다르게 자라서 생기는 것은 아닙니다.

묻고 답하기

남성과 여성은 뇌 모양이 다를까?
남성이 여성보다 몸집이 큰 것을 고려하더라도, 남성이 여성보다 뇌가 조금 더 커요. 하지만 남성과 여성의 평균 IQ는 같아요. 여성의 뇌는 오른쪽 뇌와 왼쪽 뇌를 연결하는 부위가 남성보다 더 두꺼워요. 몇몇 사람들은 이것 덕분에 여성이 양쪽 뇌를 함께 더 잘 사용한다고 말해요.

테스토스테론이란 무엇일까?
십대 소년의 사춘기를 조절하는 남성 호르몬인 테스토스테론은 행동과 성격에 큰 영향을 끼쳐요. 동물에게 일부러 테스토스테론을 투여하면, 공격성과 경쟁심이 강해져요. 테스토스테론은 사람에게도 같은 효과를 나타내요. 그래서 사춘기 소년은 적극성과 경쟁심이 강해지는 거예요.

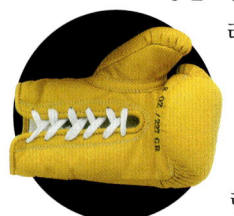

손가락 검사를 해 보세요.
테스토스테론은 남성뿐만 아니라 여성에게도 평생 동안 몸 안에 있어요. 심지어 태어나지 않은 아기가 발달하는 데에도 영향을 주어요. 만약 배 속에 있을 때 테스토스테론이 많으면, 약지가 검지보다 길어져요. 그러면 남성의 뇌를 갖기 십상이에요.

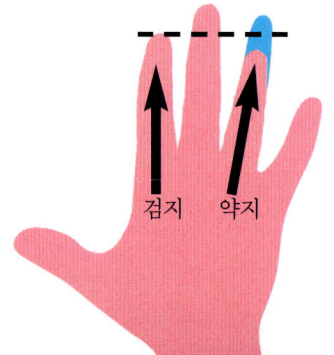

검지   약지

만약 균형 잡힌 뇌를 지니고 있다면, 남성의

무엇일까?

여러분이 남성의 뇌를 가지고 있다면, 이런 걸 잘해요.
- 물체의 모양을 생각하거나 지도와 도형을 읽는 것처럼 오른쪽 뇌를 사용하는 일
- 기술적인 문제 이해하기
- 사실의 목록 기억하기
- 작고 섬세하게 생각하기

완벽하게 평균인 사람은 거의 없기 때문에, 누구든지 평균으로 보면 오해할 수도 있어요.

성별은 한쪽 끝에 남성의 뇌가 있고, 다른 쪽 끝에 여성의 뇌가 있는 스펙트럼과 같아요. 여러분이 이 스펙트럼 속의 어디에 있는가는 여러분의 능력에 달려 있어요. 대부분의 사람들은 남성의 능력과 여성의 능력이 겹치는 중간 어딘가에 있어요. 따라서 여러분도 전형적인 남성의 능력과 전형적인 여성의 능력을 함께 가지고 있는 셈이죠. 예를 들면, 사회생활 능력이 뛰어나면서도 컴퓨터를 잘 고칠 수도 있어요. 그렇지만 또한 여러분은 두 가지 모두를 잘하지 못할 수도 있어요.

묻고 답하기

붙임성이 좋은 사람
여러분이 다른 사람을 잘 이해해서 상대를 편안하게 만든다면, 여러분은 붙임성이 좋은 사람이에요. 이것은 주로 여성의 능력이에요. 어떤 과학자들은 여성이 진화를 거치면서 이러한 붙임성을 향상시켜 왔다고 생각해요. 왜냐하면 대개 여성은 자식과 가족을 돌보는 데에 남성보다 더 많은 시간을 보내기 때문이죠.

오로지 남성의 뇌!
몇몇 사람들은 지나치게 남성적인 뇌를 가지고 있어서, 붙임성이 거의 없고 이따금 뛰어난 기술적 능력을 발휘해요. 이런 사람들의 특징을 자폐증이라고 불러요. 자폐증을 보이는 아이들은 다른 사람들과 지내는 데 어려움이 있고, 자동차 번호를 기억하거나 그림을 보이는 그대로 그려내는 일 따위에 때때로 굉장한 관심과 집중력을 보인답니다.

O1 비
4318

자전거 검사
누군가의 뇌가 얼마나 남성적인지 알아보려, 30초 안에 자전거를 기억나는 대로 그려 보라고 하세요. 남성은 대개 파란 자전거처럼 제대로 생긴 자전거를 그려요. 하지만 여성은 빨간 자전거처럼 제대로 굴러갈 수 없는 자전거를 그리기 일쑤예요. 혹은 자전거를 타는 사람을 그리기도 하죠.

능력과 여성의 능력이 똑같이 뛰어날 거예요.

나는 어떤 사람일까?

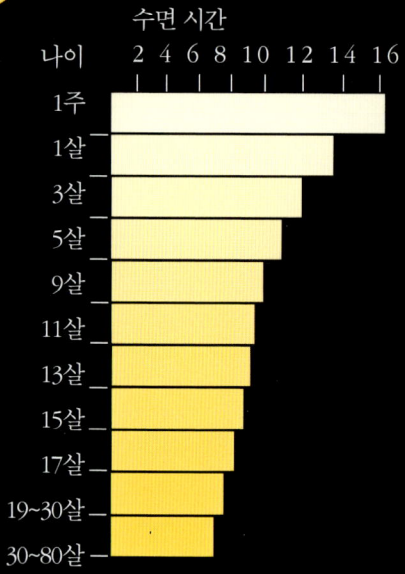

얼마나 자야 할까?

위의 표에서 보듯, 나이가 듦에 따라 수면 시간이 줄어들어요. 십대는 어른보다 두 시간 가량은 더 자야 해요. 그렇지 않으면 수면 부족 때문에 점점 더 고생하게 돼요. 아침에 잠자리에서 일어나기 어렵더라도, 잠이 많다고 괴로워 마세요.

잠은 왜 잘까?

우리는 평생의 약 3분의 1 동안 잠을 자요. 하지만 전문가들조차 왜 자야 하는지에 대해서는 아직도 머리를 긁적이고 있답니다. 어떤 전문가들은 우리가 잠자는 동안, 낮에 생긴 뇌의 화학적 불균형이 바로잡힌다고 말해요. 또 어떤 전문가들은 수면 중에 뇌세포들이 새롭게 연결되어 기억과 배운 내용들이 저장된다고 해요.

잠자지 않고 얼마나 버틸까?

쥐는 굶을 때보다 잠을 못 잘 때 더 빨리 죽어요. 아마 우리도 그럴 거예요. 잠자지 않고 가장 오랫동안 버텼다고 주장하는 사람은 무려 18일 동안 자지 않았다고 해요. 하지만 아마 이건 거짓말일 거예요. 사람이 밤에 잠자지 않으면, 낮에 자기도 모르게 깜박 졸거든요.

여러분이 올빼미 같다면, 아마 이럴 거예요.
- 자명종 시계 소리도 못 듣고 자요.
- 한밤이 지나도록 깨 있어요.
- 늦잠을 즐겨요.

여러분은 올빼미인가요?

아침에 잠자리에서 일어나기 어려워한다고 해서, 꼭 게으른 것은 아니에요. 유전자 탓일 거예요. 유전자는 얼마나 자야 할지에 큰 영향을 끼쳐요. 물론 나이도 영향을 주죠.
몸속에는 하루의 신체 리듬을 조절하는 시계 같은 게 있어요.

이 생체 시계는 사람이 잠자리에 들거나 일어나게 하는 호르몬이 분비되는 때를 알려줘요. 어떤 사람들은 생체 시계가 자명종처럼 아주 정확해서 매일 같은 시각에 정확하게 일어나요.

보통 사람의 생체 시계는 24시간 18분이 하루예요.

여러분은 올빼미인가요? 아니면 종달새인가요?

여러분이 종달새 같다면, 아마 이럴 거예요.
- 아침에 잠자리에서 기쁘게 일어나요.
- 밤늦게 깨어 있는 것을 좋아하지 않아요.
- 쉽게 잠들어요.

아니면 종달새인가요?

생체 시계의 하루 길이는 사람마다 다르고, 유전자에 따라 다르기도 해요. 평균적으로 생체 시계의 하루는 24시간 18분이에요. (아마 이 18분 때문에 사람들이 아침에 졸려 할 거예요.) 생체 시계의 하루가 평균보다 짧으면, 아침에 지저귀는 종달새와 같아요. 이런 사람은 이른 아침에 활기가 넘쳐요. 생체 시계의 하루가 평균보다 길면, 밤늦도록 우는 올빼미와 같아요. 이런 사람은 대개 밤늦은 시간까지 깨 있는 것을 좋아해요.

생체 시계를 다시 맞출 수 있을까?
비행기를 타고 먼 외국에 가면 생체 시계가 맞지 않아서 시차를 겪어요. 옮겨간 곳의 실제 시간과 생체 시계가 맞지 않기 때문에, 생체 시계를 다시 맞춰야 해요. 빛이 눈으로 들어오면 뇌가 낮이라는 신호로 받아들여요. 마찬가지로 어두우면 뇌가 밤이라는 신호로 받아들이죠. 그러면 잠이 오게 하는 호르몬이 분비되는 거예요.

나는 수면 부족일까?
잠드는 데에는 10~15분 정도 걸려요. 만약 더 일찍 잠들면, 충분한 잠을 자지 않아 수면 부족이에요. 수면이 부족하면, 몸이 찌뿌둥하고 기분도 좋지 않고 공부도 잘 안 되고 멍해지기도 해요. 학교에서 수면이 부족하면 수업 중에 고개를 끄덕이기도 해요. 또 수면이 부족한 운전자는 운전 중에 졸거나 사고를 낼 수도 있어요.

수면 검사를 해 보세요

1 자명종이 울리면 어떻게 하나요?
- ㄱ. 잠자리에서 바로 일어나요.
- ㄴ. 자명종을 끄고 천천히 일어나요.
- ㄷ. 졸면서 자명종을 꺼요.
- ㄹ. 자명종을 끄고 다시 자요.

2 금요일 저녁에 몇 시에 자나요?
- ㄱ. 8~9시
- ㄴ. 9~10시
- ㄷ. 10~11시
- ㄹ. 11시 이후

3 토요일 아침에 몇 시에 일어나나요?
- ㄱ. 9시 이전
- ㄴ. 9~10시
- ㄷ. 10~11시
- ㄹ. 11시 이후

4 아침을 먹기 전에 얼마나 배고픈가요?
- ㄱ. 너무 배고파요.
- ㄴ. 약간 배고파요.
- ㄷ. 사실 배고프지는 않지만 먹으려고 해요.
- ㄹ. 음식을 보기 싫어요.

5 하루 중 언제 가장 힘이 넘치나요?
- ㄱ. 아침
- ㄴ. 오후
- ㄷ. 저녁
- ㄹ. 한밤중

6 보통 얼마나 빨리 잠드나요?
- ㄱ. 10분 이내
- ㄴ. 10~20분
- ㄷ. 20~30분
- ㄹ. 30분 이상

결과는 96쪽에서 확인하세요.

왜 꿈을 꿀까?

꿈은 무서울 수도 있고 엽기적일 수도 있고 환상적일 수도 있지만, 도대체 무슨 뜻이 있을까요? 수십 년간의 연구에도 불구하고 꿈은 여전히 알 수 없는 뇌의 미스터리 중 하나예요.

언제 꿈을 꿀까?

잠잘 때 뇌는 90분마다 깊은 잠과 얕은 잠을 오가는 활동 주기를 보여요. 대개 꿈은 거의 깨 있는 듯한 얕은 잠을 잘 때 꾸게 돼요. 얕은 잠을 자는 동안 눈동자는 마치 무엇인가를 보는 것처럼 눈꺼풀 아래에서 움직여요. 이것을 REM(렘; 빠른 안구 운동) 수면이라고 해요. REM 수면에 있는 사람을 깨우면 꿈꾸던 것을 80퍼센트는 기억해요.

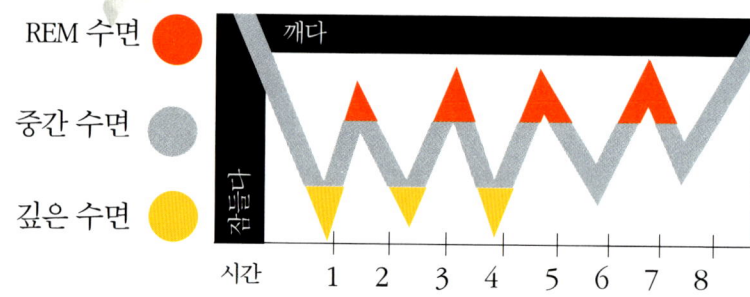

꿈을 얼마나 꿀까?

대부분의 사람들은 꿈을 얼마나 꾸는지 몰라요. 이것에 대한 분명한 이유가 두 가지 있어요. 첫 번째는 꿈꾸다가 깨지 않으면 아무것도 기억할 수 없기 때문이에요. 두 번째는 꿈이 시간을 꼬이게 만들기 때문이에요. 누군가 잠자는 여러분을 깨우려고 얼굴에 물방울을 뿌리면, 여러분은 몇 시간 동안 비에 대한 꿈을 꾼 것처럼 생각하며 잠을 깰 거예요. 수면을 연구하는 과학자들은 우리가 하룻밤 동안 5번 정도의 꿈을 1~2시간 동안 꾼다고 생각해요. 대부분의 꿈은 REM 수면 중에 꾸지만, 어떤 사람들은 우리가 깊은 수면 중에도 꿈을 꿀 수 있다고 생각해요.

보통 사람은 일 년 동안

묻고 답하기

악몽이란 무엇일까?

감정을 일으키는 뇌의 일부는 꿈꾸는 중에도 작용해요. 만약 이 부분이 무서운 감정을 일으키면 꿈이 악몽이 되고, 뇌의 나머지 부분들은 그것을 이야기로 꾸며요. 그러면 높은 곳에서 떨어지는 악몽을 꾸거나 무서운 것을 피해 도망가거나 숨는 악몽을 꾸기도 해요. 악몽은 자연스러운 것이고 누구나 악몽을 꾼답니다. 하지만 나이가 들면 악몽을 덜 꾸게 돼요.

꿈꾸고 있는지 왜 모를까?

꿈의 이상한 점들 중 하나는 꿈꾸는 동안 자신이 꿈꾼다고 말할 수 없다는 거예요. 심지어 꿈속에서 너무나 이상한 일들이 일어나더라도 말이에요. 이것은 꿈꾸는 동안 자각을 할 수 없기 때문이에요. 꿈을 꾸면, 자아 인식을 담당하는 전두엽이 대개 쉰답니다.

동물도 꿈을 꿀까?

많은 동물은 REM 수면을 경험해요. 그러니까 아마 동물도 꿈을 꿀 거예요. 이상하게도 동물의 REM 수면 시간의 길이는 태어날 때 얼마나 성숙했는지와 관계있어요. 작고 의지할 데 없는 오리너구리는 하루에 8시간이나 꿈을 꿔요. 돌고래와 파충류는 거의 꿈을 꾸지 않고, 새는 노래를 하면서 꿈꾸는 것 같아요. 새는 자는 동안의 뇌파와 노랫소리의 리듬이 똑같아요.

우리는 평생 동안 무려 5년가량이나 꿈을 꾼답니다.

꿈에 무슨 목적이 있을까?
우리가 왜 꿈을 꾸는지에 대해서는 많은 이론이 있지만, 진실은 아무도 몰라요. 몇몇 전문가들은 기억을 저장하는 데 도움이 된다고 해요. 하지만 꿈을 꾸지 않고도 더할 나위 없이 좋은 기억력을 지닌 사람들도 있어요. 또 다른 전문가들은 하루 동안의 경험을 정리하는 데 도움이 된다고 해요. 하지만 배 속의 아기는 거의 하루의 반을 REM 수면 상태로 지내지만 정리할 경험도 없어요. 그리고 만약 꿈이 그저 정보를 정리하는 게 목적이라면, 왜 그렇게 꿈이 엉뚱한 걸까요?

꿈은 무엇을 뜻할까?
심리학자 지그문트 프로이트는 꿈이 숨겨진 무의식의 욕구를 들여다보는 창문이라고 했어요. 그는 여러 해 동안 환자들과 꿈 얘기를 하면서 환자들의 꿈이 지닌 복잡한 의미를 연구했어요. 하지만 이제 대부분의 사람들은 프로이트가 꿈에 대해 지나치게 큰 의미를 두었다고 생각해요. 꿈속의 이상한 일들은 뇌가 기억을 통해 만들어 내는 의미 없는 이야기에 지나지 않답니다. 왜냐하면 뇌는 계속 작용하는데 감각 기관으로부터 들어오는 정보가 없기 때문이죠.

꿈꾸면서 돌아다닐 수 있을까?
꿈을 꿀 때에는 몸이 말 그대로 마비가 돼요. 이것은 꿈을 실행에 옮기지 못하게 하는 안전장치라고 할 수 있어요. 뇌는 근육에 지시를 내려서 움직이려고 하지만 척수가 그 지시를 막는답니다. 하지만 눈동자, 허파, 심장에는 지시가 전달돼서 눈동자가 움직이기도 하고 심장 박동과 호흡이 불규칙해지기도 해요. 이따금 가위에 눌려 마치 몸이 핀으로 고정된 것처럼 마비되어 움직일 수 없으면 꿈에서 깨기도 한답니다.

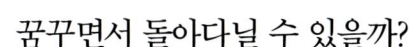
1,825번이나 꿈을 꿔요.

묻고 답하기

경기란 무엇일까?
어디선가 떨어지는 꿈을 꾸다가 바닥에 닿기 전에 움찔 경기를 일으키며 깬 적이 있나요? 이런 현상은 막 잠들려는 순간에 가장 자주 일어나요. 이것을 '입면기 환각성 경기'라고 하는데, 뇌가 갑자기 다시 깨기 때문에 생긴답니다.

어떻게 자면서 걸을까?
어떤 사람들은 금방 잠이 든 후 잠자리에서 일어나 걸어 다녀요. 이것을 바로 몽유병이라고 하죠. 몽유병 환자는 꿈을 행동으로 실천하는 게 아니에요. 사실 이런 사람은 꿈을 꾸고 있지 않아요. 몽유병 증상은 대부분 아주 깊은 수면의 주기가 끝나갈 때 일어나요. 많은 사람들은 이때 잠자리에서 몸을 뒤척이거나 웅얼웅얼해요. 이것 대신에 몽유병 환자는 일어나서 돌아다니는 거랍니다. 수면 과학자들은 이 상태가 반쯤은 깨어 있고 반쯤은 잠든 거라서 '반 수면 상태'라고 해요.

꿈 일기를 써요
꿈은 기억하기 어려워요. 하지만 깨자마자 적어 두면, 나중에 다시 기억하는 데 도움이 될 거예요. 꿈을 적으면서 다음 질문에 답하려고 해 보세요.

- 꿈이 컬러였나요?
- 꿈속에서 들을 수 있었나요?
- 꿈을 마음대로 조절할 수 있었나요?
- 꿈속에서 날 수 있었나요?
- 꿈속에서 어떤 감정을 느꼈나요?
- 시간의 흐름을 느낄 수 있었나요?

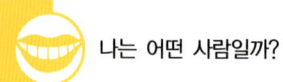 나는 어떤 사람일까?

감정을 마음대로 조절할 수 있을까?

무서움

무서움을 느끼면 눈썹이 치켜지고 눈꺼풀이 올라가고 홍채 주변의 흰자위가 드러나요. 동시에 아래 눈꺼풀도 올라와요. 입은 아래위로 쫙 열린 채 숨이 가쁘고, 입술은 팽팽하게 당겨져요. 피부는 피의 흐름이 줄어서 창백해져요.

성남

눈썹이 양 끝은 올라가고 안쪽은 아래로 바짝 당겨져서 눈썹 사이에 세로로 주름이 잡혀요. 눈 사이가 좁아지고 노려보는 표정에 조금도 떨림이 없어요. 입은 꽉 다물든지, 아니면 벌린 채 이를 드러내고 씩씩거려요. 얼굴에 피가 몰려서 빨갛게 변해요.

기쁨

자연스러운 미소는 얼굴 표정 전체에 나타나요. 볼이 올라가고 눈초리에 주름이 지며, 아래 눈꺼풀 밑의 살이 둥글고 도톰하게 올라와요. 입은 옆으로 활짝 벌어지고, 윗니가 드러나며 입술도 당겨지죠. 웃으면 뇌에 되먹임 신호가 전달되어 기쁨이 더 커진답니다.

버럭, 버럭!

강한 감정은 뇌의 변연계 중 편도핵이라는 곳에서 일어나요. 전두엽이라고 불리는 보다 발달된 부위는 감정을 숨기거나 감정대로 행동하지 않을 수 있게 조절한답니다. 전두엽은 발달하는 데 오랜 시간이 걸려서, 이십대가 되어야 비로소 성숙해요. 그래서 아이들이나 십대는 불끈 화를 내거나 성질을 부리기 십상이죠. 아이들이나 십대의 편도핵은 강한 감정을 일으키지만, 전두엽이 충분히 성숙하지 않아 그 감정을 제대로 조절할 수가 없어요.

우리가 얼굴에 감정을 나타내는 방식은 전 세계 사람들이 똑같아요. 예를 들면, 미소는 사하라 사막이나 아마존의 정글에서도 같은 의미를 가져요. 심리학자들은 특징적인 얼굴 표정에 따라 6가지의 주요 감정이 있다고 생각해요. 다음 얼굴 표정들은 유전자를 통해 뇌에 프로그램되어 있어요.

옆에 보이는 삼원색의 혼합처럼, 감정은 서로 섞인답니다.

놀람

이 표정은 무서움의 표정과 비슷하지만, 작은 차이가 있어요. 눈썹이 위로 올라갈 뿐만 아니라 활 모양으로 동그랗게 돼요. 턱은 안쪽으로 끌어당겨지고 눈은 흰자 위가 드러나며 휘둥그레져요. 놀람은 숨기기 어렵지만, 무서움은 태연한 척할 수 있어요.

슬픔

슬픈 얼굴에서는 입가가 양쪽으로 처지고 두 눈썹이 안쪽으로 당겨져요. 그러면서 두 눈 사이가 살짝 올라오는데, 아주 슬퍼지면 이따금 깊은 주름이 잡히기도 해요. 눈은 눈물이 고인 채, 계속 눈물을 분비하느라 충혈돼요. 하지만 대개 슬픈 사람은 다른 사람들에게 이 표정을 보이지 않으려고 얼굴을 돌리거나 가려요.

역겨움

역겨움을 강하게 느끼면 코와 이마 사이에 넓게 깊은 주름이 잡혀요. 눈은 가늘게 떠지고 눈썹이 내려오고 볼이 올라가요. 누군가의 얼굴에서 심하게 역겨워하는 표정을 보게 되면 자신도 역겨움을 느낄 수 있어요.

감정 일기를 쓰세요.

감정은 항상 적절하지 않을 수도 있어서, 심한 흥분이나 때때로 필요 이상의 행동으로 나타날 수도 있어요. 자신의 삼생이 일나나 믿을 만한지를 안비면 다음과 같이 해 보세요.

- 무엇인가에 강한 감정을 느낀 후에, 그 감정이 무엇이고 왜 일어났는지 알려고 노틱하세요. 그래서 '감정 일기'에 결과를 적으세요. 강한 감정을 느낄 때마다 이렇게 해 보세요.
- 느끼는 대로 무슨 말이든 감정 일기에 적으세요. 며칠이 지난 후에, 적어둔 내용을 돌이켜보세요. 그 감정이 적절한 것이었나요?
- 2~3주가 지난 후에, 감정 일기를 다시 읽어 보세요. 자신의 감정이 적절했나요, 아니면 지나쳤나요? 어떤 감정은 다른 감정들보다 더 적절했나요? 나중에, 자신의 감정이 얼마나 믿을 만한지에 주목하세요.

나는 어떤 사람일까?

왜 무서움을 느낄까?

무서움, 성남, 놀람, 역겨움 같은 강한 감정들은 스스로를 위험으로부터 보호해서 살아남을 수 있게 도와주는 기본적인 본능이에요. 이 감정들은 단지 마음의 상태에만 영향을 주는 것이 아니에요. 과거의 비슷한 경험을 떠올리는 '환기'라는 마음 상태를 일으켜서 온몸이 움직일 준비를 하게 해요. 상황에 대한 환기는 아주 빨리 일어나서, 무슨 일일까라고 생각하기도 전에 몸이 먼저 위험 경보를 알아챈답니다.

보다
반응하다
느끼다
생각하다

무서움을 느끼면 몸에 무슨 일이 생길까?

소화계의 운동이 갑자기 느려지고, 소화계에서 나온 피가 근육으로 몰려요. 그리고 마음이 조마조마해져요. 아드레날린(부신 수질 호르몬)이 분비되어 배 속이 불편해지기도 하죠. 야생 동물은 이러한 반응 덕분에 똥을 싸 몸무게를 줄임으로써 좀 더 쉽게 도망갈 수 있어요.

눈이 휘둥그레지고 눈빛이 번뜩여요.

피가 근육으로 몰려들어요.

숨이 갑자기 가빠지면서 헐떡이게 돼요.

심장 박동이 엄청나게 빨라지고, 가슴이 몹시 두근두근해요. 심장 박동이 빨라지면 근육에 보낼 산소의 양도 많아진답니다.

왜 무서움을 느낄까?

단 1초 안에!

무서움은 가장 강한 감정이에요. 번개 같은 반응이 필요하기 때문에 무서움은 의식을 그냥 지나쳐 지름길로 뇌에 전달돼요. 무서움은 두려워서 꼼짝 못 할 때, 0.5초 만에 느끼게 돼요.

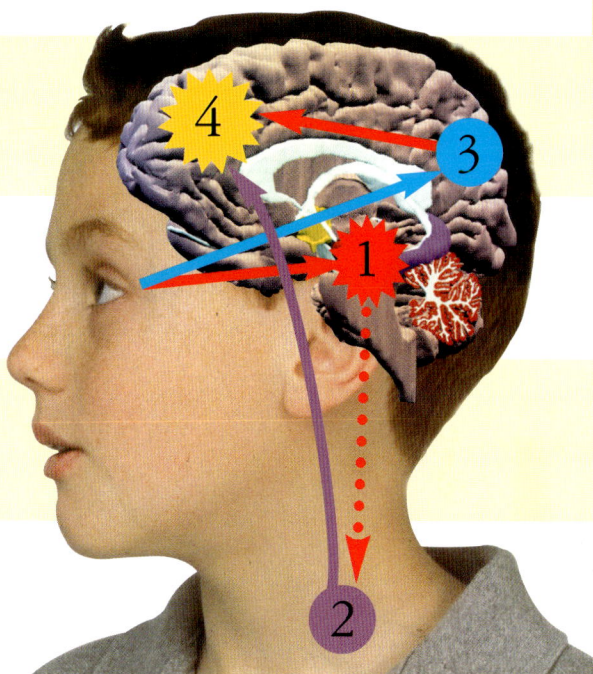

1. 신호가 눈이나 귀에서 변연계로 들어가요. 변연계는 신호를 아주 빨리 분석해서 몸에 위험 신호를 보내요.

2. 신경계가 몸에 위험 경보를 내리면 아드레날린이 분비돼요. 몸이 뇌의 전두엽에 신호를 되돌려 보내면 무서움을 느끼게 된답니다.

3. 눈과 귀를 지나며 느려진 신호가 감각 대뇌피질에 전달되면, 여기에서는 눈으로 본 것이 실제로 무엇인지 알아내서 전두엽에 전달해요.

4. 전두엽은 생각과 기억을 통해 그 위협이 정말 위험한 것인지를 판단해요. 만약 위험하지 않다면 변연계에 신호를 보내서 몸의 긴장을 풀어 줘요.

무서움은 온몸에 즉각적이고 큰 영향을 미쳐요. 무서움을 느끼면 교감신경계를 자극하는 환기의 수준이 높아져 심장, 허파, 근육이 반응할 준비를 해요. 무서움과 같은 효과를 나타내는 호르몬인 아드레날린이 피 속으로 분비되는데, 위험한 순간이 지나가고 나서도 몸이 떨리는 것은 피 속에 아드레날린이 남아 있기 때문이에요.

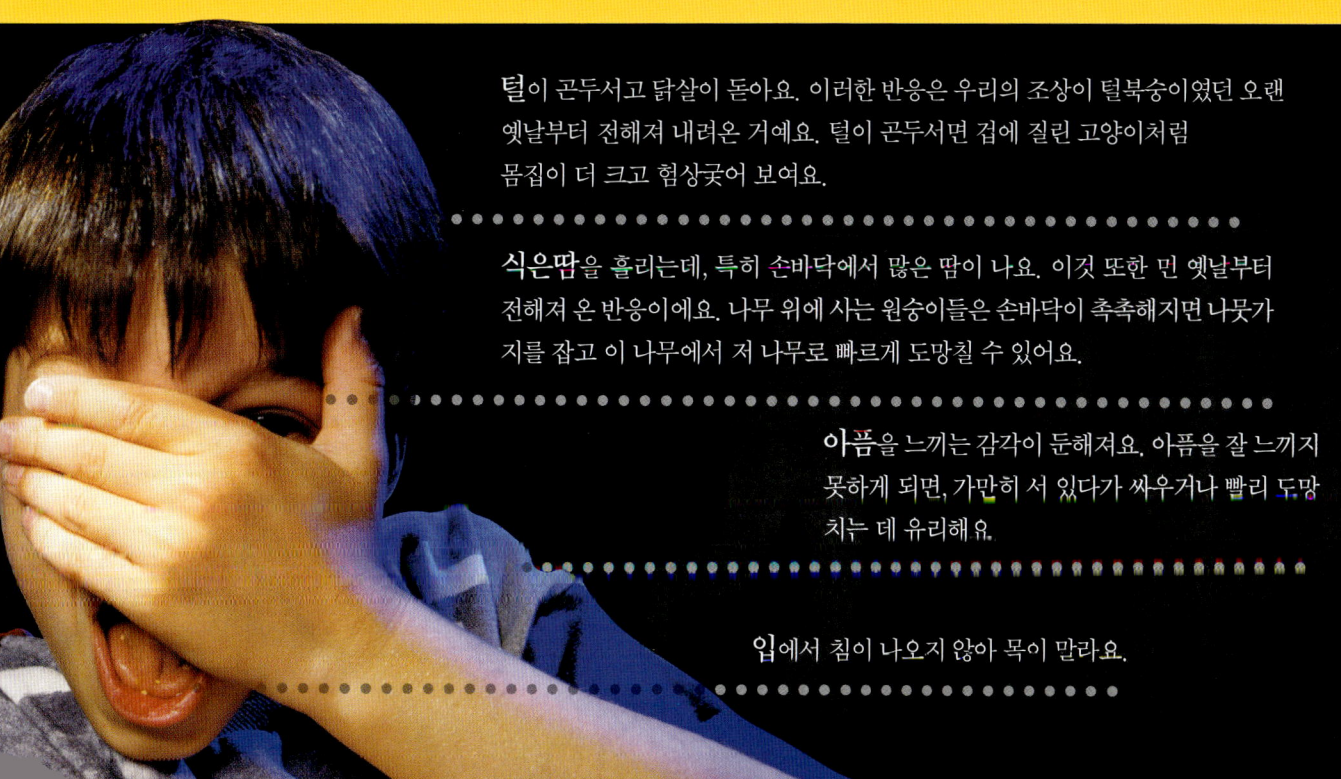

털이 곤두서고 닭살이 돋아요. 이러한 반응은 우리의 조상이 털북숭이였던 오랜 옛날부터 전해져 내려온 거예요. 털이 곤두서면 겁에 질린 고양이처럼 몸집이 더 크고 험상궂어 보여요.

식은땀을 흘리는데, 특히 손바닥에서 많은 땀이 나요. 이것 또한 먼 옛날부터 전해져 온 반응이에요. 나무 위에 사는 원숭이들은 손바닥이 촉촉해지면 나뭇가지를 잡고 이 나무에서 저 나무로 빠르게 도망칠 수 있어요.

아픔을 느끼는 감각이 둔해져요. 아픔을 잘 느끼지 못하게 되면, 가만히 서 있다가 싸우거나 빨리 도망치는 데 유리해요.

입에서 침이 나오지 않아 목이 말라요.

나는 어떤 사람일까?

공포증은 사고를 대비해 울리는 자동차 경적과 같아요.

특별히 무서워하는 게

공포증이란 무엇일까?
'특정 공포증'을 지닌 사람은 뱀이나 거미 같은 특정 대상을 만나면 온통 겁에 질려요. 미처 '생각'하기도 전에 뇌 속의 변연계가 몸에 위험 경보를 내려요. 그러면 심장이 빨리 뛰고, 속이 울렁거리고, 심한 두려움에 떨며 무서울 때의 증상을 보이게 돼요.

왜 뱀이나 거미를 무서워할까?
사람은 태어날 때부터 동물에 대해 무서워하는 경향이 있어요. 심리학자들은 우리가 진화해 온 먼 옛날부터 독이 있거나 공격적인 동물들이 매우 위험했기 때문에, 오늘날에도 여전히 그런 동물들을 무서워하도록 조종하는 유전자가 우리 몸속에 남아 있다고 생각해요.

공포증은 왜 이성적이지 않을까?
무서움은 의식적인 생각보다 낮은 수준에서 일어나요. 그래서 우리가 이미 알고 있는 대상 때문에 일어나는 공포증은 정말 위험해서 생긴다고 할 수 없어요. 생각할 수 있는 공포증은 억누를 수 있지만, 처음 일어나는 본능적인 반응은 막을 수가 없어요.

무엇 때문에 공포증을 느낄까?

어느 연구에 따르면, 열 명 중 한 명이 공포증을 가지고 있대요. 일란성 쌍둥이는 대개 같은 공포증을 가져요. 이것으로 볼 때, 공포증을 일으키는 유전자가 있다고 할 수 있어요. 어릴 때 우리는 다른 사람들이 무서워하는 광경을 보면서 무서운 것이 무엇인지 배워요. 만약 어떤 것에 대해 무서움을 느끼는 사람을 보게 되면, 우리는 대개 그것에 대해 스스로 두려워하게 돼요.

특별히 무서워하는 게 있나요?

여러분은……

……거미, 피, 높은 곳을 무서워하나요?
진짜 공포증은 대부분 동물, 질병 또는 위험한 상황과 관련이 있어요.

 다리 공포증
다리 건너기를 무서워해요.

 비행 공포증
비행기 타기를 무서워해요.

 쥐 공포증
쥐를 무서워해요.

 개미 공포증
개미를 무서워해요.

 양서류 공포증
개구리, 두꺼비, 도롱뇽을 무서워해요.

 고소 공포증
높은 곳을 무서워해요.

 자동차 공포증
차 타기를 무서워해요.

 닭 공포증
닭을 무서워해요.

 거미 공포증
거미를 무서워해요.

 어류 공포증
물고기를 무서워해요.

 고양이 공포증
고양이를 무서워해요.

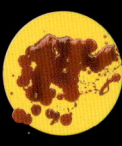 혈액 공포증
피를 무서워해요.

어떤 '공포증'은 사실 혐오감과 같아요.
아래의 공포증은 진짜 무서움을 일으키지는 않아요.

 수염 공포증
수염을 혐오해요.

 노란색 공포증
노란색을 혐오해요.

 시계 공포증
시계를 혐오해요.

 질척임 공포증
진흙같이 질척이는 것을 혐오해요.

 시선 공포증
남의 눈길을 혐오해요.

 8 공포증
숫자 8을 혐오해요.

 만물 공포증
모든 것을 혐오해요.

 땅콩버터 공포증
땅콩버터가 입천장에 붙는 것을 혐오해요.

 독 공포증
독이나 녹을 혐오해요.

 등교 공포증
학교 가는 것을 혐오해요.

 깃털 공포증
깃털로 간지럼 태워지는 것을 혐오해요.

 턱 공포증
턱을 혐오해요.

어떻게 거짓말을 알아낼까?

사람들은 말로만 거짓말을 하는 게 아니에요. 가짜 표정과 가짜 몸짓도 보이죠. 거기에는 거짓말을 알아낼 실마리가 있어요.

얼굴 붉힘
어떤 사람들은 거짓말을 하거나 거짓말이 들킬까 봐 당황할 때 자기도 모르게 얼굴을 붉혀요.

미세한 표정
능숙한 거짓말쟁이들은 아주 그럴듯하게 기쁘거나 슬픈 척해요. 하지만 주의 깊게 관찰하면 0.2초보다 짧은 순간에 스쳐가는 진짜 표정을 볼 수 있어요.

표정 감추기
능숙하지 못한 거짓말쟁이는 이따금 얼굴 표정을 감추려는 기색이 역력해요. 예를 들면 억지로 웃는 척하는 것을 숨기려고 하죠.

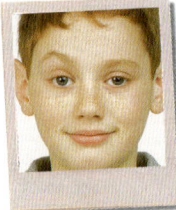

정직한 근육
일부 얼굴 근육들은 다른 근육들보다 정직해요. 특히 눈썹 주위의 근육들이 그렇죠. 이를테면, 거짓말쟁이는 웃고 있더라도 마음이 불편하여 눈썹이 올라가거나 떨리기도 한답니다.

거짓말쟁이의 몸짓
어린 아이들은 흔히 거짓말할 때 입을 가려요. 어른과 청소년도 비슷하지만 좀 더 교묘한 몸짓을 보여요. 예를 들면 코를 만지거나 입술을 살살 긁적거리죠.

얼굴을 읽을 수 있을까?

머리의 움직임은 보통 이해하기가 쉬워요. 머리를 가볍게 끄덕이는 것은 좋다는 의미지만, 한 손으로 턱을 괴는 것은 재미없다는 뜻이에요. 고개를 절레절레 흔드는 것은 거절한다는 의미일 수 있지만 또한 뭔가에 집중하고 있음을 뜻하기도 해요. 고개를 살짝 뒤로 젖히듯이 드는 것은 젠체하는 모습일 수 있어요.

눈은 많은 것을 뜻해요. 다른 사람의 시선을 쫓아가면, 종종 그 사람이 무엇을 생각하는지 알게 돼요. 누구든 흥분하면 눈동자가 커지는데, 이것은 숨길 수가 없어요. 홍채 주위의 흰자위가 드러나면 무서움을 느끼거나 충격을 받았다는 의미예요. 눈동자가 올라가면서 아래쪽 흰자위가 많이 드러나면 모멸감을 느꼈다는 뜻이에요. 대개 자신을 업신여기는 누군가의 등 뒤에서 이렇게 눈을 치켜뜨죠.

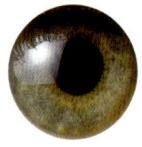 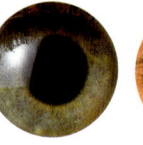 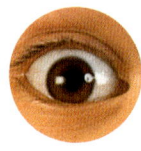 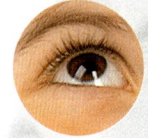

보통 눈동자   커진 눈동자   흰자위가 드러난 눈   치켜뜬 눈

입의 움직임은 찡그림이나 미소를 포함한 많은 확실한 표현을 하는 데 중요한 역할을 해요. 예를 들면, 입술을 악다무는 것은 화를 참고 있는 모습이고, 입을 크게 벌리는 것은 지루함보다 무서움이나 신경과민을 뜻해요. 연필을 물거나 손톱을 물어뜯으면 긴장된다는 뜻이고, 얼굴 한쪽만 웃는 것은 그다지 재미없다는 의미예요.

 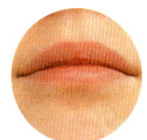  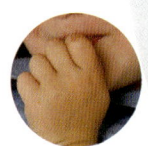

미소   악 다문 입   크게 벌린 입   손톱 물어뜯기

얼굴을 읽을 수 있을까?

심리학자들은 우리에게 약 7,000가지의 다양한 얼굴 표정이 있고, 그 표정들이 우리가 알아채기도 전에 놀라운 속도로 얼굴에 나타날 수 있다고 생각해요. 대개 사람을 사귀는 능력은 상대의 얼굴을 얼마나 잘 읽어서 생각과 감정을 알아내는가에 달려 있어요. 특히 상대가 뭔가를 숨기거나 정직하지 않을 때 말이에요.

대화를 잘 나누려면 **눈을 마주 보는 것**이 매우 중요해요. 하지만 지나치게 오래 마주 보면 상대를 미워하거나 또는 좋아하는 것으로 보일 수 있어요. 너무 짧게 마주 보면 거짓말을 하거나 부끄러워하거나 싫어하는 것으로 보일 수도 있죠. 일반적으로 대화를 할 때, 마주 보기는 잠깐씩 쉬어 가며 눈으로 의견을 나누는 것이라고 할 수 있어요. 사람들은 이성을 꼬일 때, 더 오랫동안 마주 보며 상대의 얼굴을 아래위로 살핀답니다

눈썹은 얼굴에서 매우 정직한 부위 중 하나예요. 눈썹 사이의 피부를 잘 보세요. 걱정이 있거나 불편하면 자신도 모르게 작은 주름이 잡혀요.

눈꺼풀은 여러 가지 감정을 나타내요. 빨리 깜박이면 긴장하거나 뭔가에 끌리고 있는 거예요. 하지만 거짓말을 하거나 화를 낼 때에는 깜박이지 않기도 해요. 눈꺼풀이 떨리는 경련이 오면 분명 신경과민일 거예요.

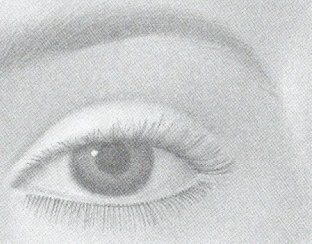

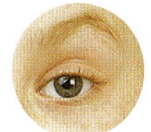  

올라간 눈썹　　주름진 눈썹　　깜박임

코의 움직임은 대부분 부정적인 감정을 나타내요. 코와 눈썹이 심하게 주름지면 역겹다는 뜻이에요. 코가 약하게 주름지면 싫다는 표시이고, 한쪽으로 실룩거리면 반대한다는 의미예요. 만약 콧구멍을 크게 벌리면 뭔가에 마음이 확 끌리는 상태일 거예요.

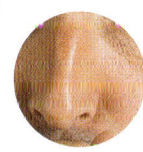 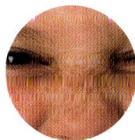  

한쪽으로　　약하게　　심하게　　크게 벌린
실룩거림　　주름짐　　주름짐　　콧구멍

어떻게 거짓 웃음을 알아낼까?

거짓 웃음을 구별하려면 웃는 사람의 눈을 보면 돼요.

- 진짜 웃음은 볼이 올라가고 눈가에 주름이 지면서 얼굴 전체에 나타나요.
- 눈초리 주름이 보이고 아래 눈꺼풀 밑의 살이 도톰하게 올라와요. 눈썹은 내려가요. 거짓 웃음을 웃으면 입은 움직이지만 눈은 그대로 있어요.
- 거짓 웃음은 약간 때가 맞지 않아요. 거짓 웃음은 너무 빨리 시작되어 갑자기 끝나요. 또 너무 오랫동안 웃기도 하고 너무 짧게 웃기도 하죠.
- 보통 진짜 웃음은 표정이 대칭을 이뤄요. 하지만 가짜 웃음은 기분이 나빠 보이거나 힘들어 보여요.

거짓 웃음을 모두 가려내 보세요!

96쪽을 펼쳐 결과를 확인하세요.

나는 어떤 사람일까?

나의 신체 언어는 무엇일까?

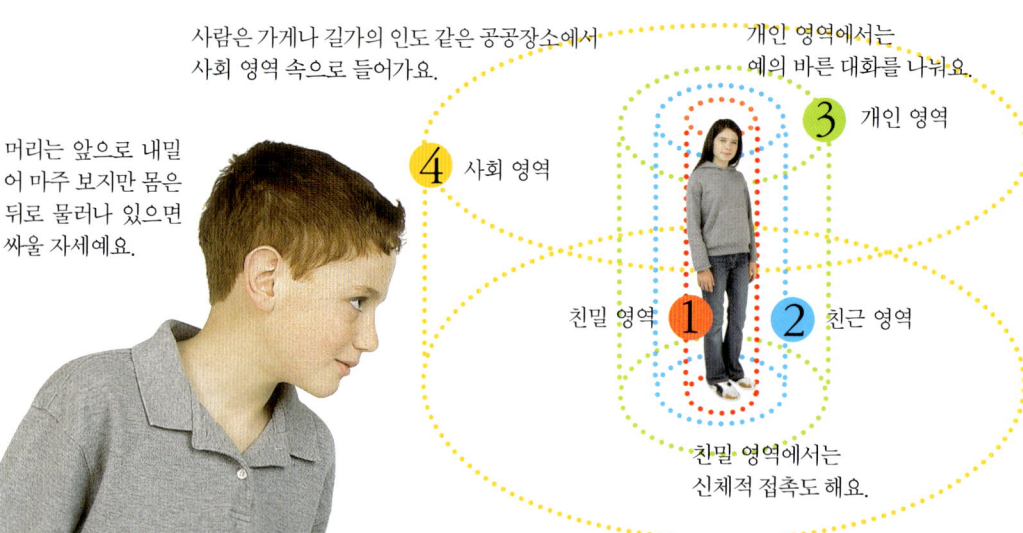

사람은 가게나 길가의 인도 같은 공공장소에서 사회 영역 속으로 들어가요.

개인 영역에서는 예의 바른 대화를 나눠요.

3 개인 영역

4 사회 영역

친밀 영역 1 2 친근 영역

친밀 영역에서는 신체적 접촉도 해요.

머리는 앞으로 내밀어 마주 보지만 몸은 뒤로 물러나 있으면 싸울 자세예요.

낯선 사람, 친한 사람

다른 사람이 여러분에게 얼마나 가까이 다가올 수 있느냐는 여러분이 상대를 얼마나 잘 아느냐에 달려 있어요. 대개 낯선 사람은 사회 영역이나 개인 영역 안의 사람보다 가까울 수 없어요. 그리고 아주 친한 친구나 가족만이 친근 영역 안에 들어올 수 있어요. 이러한 관계 영역의 범위는 여러분의 성격이나 자라는 환경에 따라 달라져요.

말과 표정만이 다른 사람과 의견을 주고받는 방법은 아니에요. 우리는 몸짓도 사용해요. 일부 몸짓은 생각한 대로 표현하지만, 많은 신체 언어는 무의식적으로 나타나요. 또 우리는 그런 신체 언어를 무의식적으로 읽어요. 이를테면 이유는 모르더라도, 다른

느긋하고 '열린' 자세를 취하고 있어요. 자신감이 있거나 건방져 보일 수 있어요.

정치가들은 때때로 연설하는 동안 힘 있어 보이는 손 모양을 취해요.

손을 뒤로 감추거나 고개를 숙이면 고분고분해 보여요.

두 소녀가 무의식적으로 서로를 따라 하고 있어요.

우월감

자신이 잘났거나 힘이 있다고 느끼는 사람은 느긋한 자세를 취해요. 친구나 가족과 있을 때는 그저 느긋해 보일 수 있지만, 낯선 사람들 사이에서는 건방져 보일 수 있어요.

고분고분함

고분고분함은 우월감의 반대예요. 고분고분한 사람은 손을 움츠린 채 똑바로 서거나 허리를 세우고 바로 앉아요.

매우 친함

아주 친한 두 사람은 대개 자신도 모르게 상대의 신체 언어를 따라 해요.

나의 신체 언어는 무엇일까?

두 소녀가 서로 마주 보면, 소년은 혼자가 돼요.

두 소녀가 서로에게 몸을 돌려 발끝을 마주하면, 소년은 혼자가 돼요.

한 소녀가 붉은 머리의 소년을 남몰래 좋아해요.

잠재의식

남자들은 싸움을 할 때, 머리는 상대를 향해 내밀고 몸은 약간 뒤로 뺀 채 공격 자세를 취해요. 눈은 이글거리면서 깜박이지 않아요.

몸의 방향

모임 같은 사교 장소에서는 몸이 향하는 방향이 중요해요. 두 사람이 서로에게 몸을 향하면, 다른 한 사람은 자신이 반갑지 않은 사람이라는 느낌을 받아요. 심지어 두 사람이 다른 한 사람에게 고개를 돌려 공손함을 보이더라도, 그 한 사람은 혼자가 된 느낌이나 불편함을 느낄 수 있어요. 사람들은 자신도 모르게 좋아하는 사람이나 사물을 향해 몸을 돌리기도 해요.

사람이 자신을 좋아하는지 또는 싫어하는지를 느낄 수 있어요. 신체 언어가 상대에게 강한 신호를 보내는 셈이죠. 그리고 신체 언어는 숨겨진 감정까지 내보이기도 해요.

눈 주위를 비벼요.

손과 발을 만지작거려요.

귀를 당겨요.

발목을 겹쳐 놓고 두 손을 꽉 쥐어요.

팔짱을 낀 채 다리를 꼬고 있어요.

정직하지 않음

사람들은 거짓말을 할 때 불안해해요. 그러면 안절부절못하거나 몸의 일부를 만지게 돼요. 거짓말쟁이는 얼굴을 매만질 뿐만 아니라, 의자에서 꼼지락거리거나 쉴 새 없이 발을 까딱거려요.

방어하기

사람들은 따돌림이나 방어를 할 때, 무의식적으로 '닫힌' 자세를 취해요. 발목을 겹쳐 놓으면 부정적인 감정을 감추는 것일 수 있어요. 가운데 소녀의 다리 모양은 자신을 방어하려는 여성의 대표적인 자세예요.

나는 어떤 사람일까?

나는 말을 잘하는 편일까?

말하기에 필요한 기본 신체 기관은 유전자에 따라 만들어져요. 하지만 억양과 언어부터 단어 선택과 심지어 유머 감각까지, 말하는 방식에 관한 거의 모든 것은 교육에 달려 있어요.

묻고 답하기

어떻게 말을 배울까?
아기에게는 언어를 배우는 타고난 능력이 있어요. 아기는 심지어 엄마의 뱃속에 있을 때에도 목소리를 유심히 들어요. 태어나서는 세계 모든 언어의 모음과 자음을 옹알거릴 수 있어요. 하지만 6개월 후에는, 주위에서 듣는 언어만 말할 수 있게 되지요. 3살이 지나면 주위에서 듣는 언어의 중요한 단어들은 대부분 익히게 된답니다.

억양은 누구에게 배울까?
우리가 말하는 언어와 억양은 어디에 사느냐에 달려 있어요. 대부분의 사람들은 부모보다 친구들로부터 억양을 배워요. 사투리도 물론이죠. 그래서 말하는 방식이 부모와 매우 다를 수 있어요. 어릴 때 모든 억양과 모든 언어를 유창하게 익히더라도, 11살쯤이면 새로운 소리를 익힐 수 있는 뇌의 회로가 사그라져요. 결국 십대에 익힌 억양이 평생 동안 계속되는 거죠.

목소리는 어디에서 날까?
목소리는 성대에서 나요. 성대는 목 안 깊은 곳의 후두 속에 있는 두 개의 떨리는 조직이에요. 성대가 울리는 것을 확인하려면 말할 때 목을 만져 보세요. 그런 다음 속삭이면서 목을 만져 보세요. 입으로만 소리를 내기 때문에 아무런 떨림이 느껴지지 않을 거예요. 무슨 말을 하든지 입이 중요한 역할을 해요. "오, 이, 아"라고 말하면서 거울을 보세요. 입은 소리를 조절해서 모음을 만들어요. 또 입술, 혀, 이는 자음을 말하는 데 필요해요. 정말 그런지 알려면 입술을 다문 채 이 문장을 큰 소리로 읽어 보세요.

얼마나 많은 단어를 알고 있을까?
사람이 저마다 알고 있는 단어 수는 나이, 독서량, 사용하는 언어에 따라 달라요. 미국의 고등학생은 평균 4만 단어를 알고 있어요. 이것은 전체 영어 단어 수의 고작 10분의 1에 불과해요. 그럼에도 불구하고 이것은 충분하고도 남아요. 대부분의 미국인은 일상생활에서 1,000~2,000개의 단어밖에 사용하지 않아요.

아이고, 표범이다!

동물도 말을 할 수 있을까?
동물은 수많은 방식으로 의사소통해요. 으르렁거리고, 노래하고, 찍찍대고, 냄새로 표시하고, 모든 신체 언어도 사용해요. 몽구스 같은 몇몇 동물은 독수리, 표범, 뱀 같은 여러 포식 동물이 나타나면 다른 몽구스에게 위험을 알리기 위해 몇 마디의 말을 하기도 해요.

하지만 동물과 달리 사람만이 할 수 있는 게 있어요. 바로 문법에 맞춰 말하는 거예요. 우리는 문법이라는 규칙에 따라 다양한 순서로 단어를 배열하여, 분명하게 이해할 수 있는 특별한 뜻을 지닌 문장을 만들 수 있어요.

제대로 들을 수 없는 유일한 목소리는 바로 나의 목소리예요.

내 목소리는 왜 이상하게 들릴까?
자신의 목소리는 머리뼈 속에서 약간 울리는 것처럼 들려요. 그래서 자기 목소리는 제대로 들을 수가 없어요. 정말 그런지 알려면 자기 목소리를 녹음했다가 재생해 보세요. 목소리의 기본 음색과 높낮이는 후두와, 입의 크기와 모양에 따라 달라요. 하지만 말할 수 있는 모음과 자음은 사용하는 언어와 문화에 따라 달라요.

묻고 답하기

몸짓은 왜 필요할까?
말하는 데에 손짓이 얼마나 중요한지 알려면, 말만으로 소용돌이 모양을 설명해 보세요. 아니면 손은 움직이지 말고 전화 통화를 해 보세요. 몸짓은 우리가 자라면서 주변 사람들을 무의식적으로 따라 해서 나타나요. 우리의 걸음걸이, 서거나 앉는 자세, 손짓 등은 모두 가족을 따라 하는 거라고 볼 수 있어요.

뭐가 우스울까?
일란성 쌍둥이를 연구한 결과를 보면, 억양이나 언어처럼 유머 감각도 유전자가 아니라 자란 환경에서 나와요. 웃음은 친근감을 높여 주기 때문에 의사소통을 할 때 중요하답니다. 일부 과학자들은 웃음이 원숭이들의 털 고르기와 같은 신체적 효과를 가진다고 생각해요. 원숭이들은 매일 몇 시간 동안 친족이나 절친한 친구의 털을 골라 줘요. 이렇게 하면 긴장을 누그러뜨리는 엔도르핀이라는 화학 물질이 뇌에서 분비돼요.

난독증이란 무엇일까?
어떤 사람들은 난독증이 있어서 읽기나 쓰기를 배울 때 이상한 어려움을 겪어요. 이를테면, 난독증이 있는 사람은 'b'와 'd'의 차이나, '6'과 '9'의 차이를 구분하는 것이 매우 어려워요. 하지만 이런 사람도 다른 사람들과 지능이 비슷할뿐더러 살아가는 데 그다지 불편할 게 없어요.

나는 어떤 사람일까?

나의 잠재력은 무엇일까?

능력을 펼쳐라!
자신의 가능성을 실현하려면 자신의 장기를 알고, 능력을 펼쳐야만 해요. 심리학자들은 타고난 능력 또는 '지능'을 7가지의 다양한 분야로 나눠요. 여러분은 어떤 능력을 가지고 있나요?

- **사교술** : 다른 사람의 생각이나 감정을 재빨리 알아채나요?
- **자아 인식** : 진정 자신의 느낌과 감정을 이해하나요? 자아 인식이 있나요?
- **신체 능력** : 자전거 타기, 스키, 인라인 스케이트 또는 새로운 춤 같은 신체적 활동을 빨리 익히나요?
- **음악성** : 노래를 한 번만 듣고도 모든 음을 아나요? 또 완벽하게 따라 부를 수 있나요?
- **공간 지각력** : 지도를 잘 읽고 기계도 쉽게 고치나요?
- **언어 능력** : 책 읽기를 좋아하거나 글을 잘 쓰나요?
- **논리력** : 수학이나 컴퓨터 같은 것을 쉽게 이해하나요?

나도 성공할 수 있을까?
성공하려면 반드시 두 가지를 갖춰야 해요. 어느 정도의 타고난 능력과 기필코 해내려는 의지! 천재들조차도 성공하려면 열심히 노력해야 해요. 발명왕 토머스 에디슨은 이렇게 말했어요. "천재는 1퍼센트의 영감(창조적 직관)과 99퍼센트의 노력이다." 작곡가 모차르트도 여러 해 동안 연습한 덕분에 음악 천재가 되었죠. 사실 모차르트는 12살이 되기 전에 무려 5년 동안이나 음악 연습을 했답니다. 마찬가지로 알베르트 아인슈타인도 어린 시절에 무척이나 어려운 수학 책과 철학 책을 읽었어요.

물론 진정한 최고의 천재는 끊임없는 노력만으로 되는 것은 아니에요. 창조적 사고와 풍부한 상상력도 필요해요. 천재는 과거의 틀을 깨고, 다른 모든 사람들이 그냥 따라 하기만 하는 것들을 새로운 방식을 찾아 해내요. 그렇다면 창조성의 비밀은 무엇일까요? 심리학자들은 누구든지 어떤 일에서 훌륭한 경지에 이르고자 한다면 약 1만 시간은 연습해야만 진정한 창조성을 가질 수 있다고 말한답니다. 아주 긴 시간으로 느껴지겠지만, 단 5년이에요!

나의 약점은 무엇일까?
뭔가를 못하는 것은 대개 중요하지 않아요. 그림을 못 그려도, 기업의 최고 경영자나 올림픽 대표 선수가 될 수 있어요. 또 모든 사람에게는 중요하면서도 향상시킬 만한 가치가 있는 능력들이 있어요. 우리 모두는 집에서 그리고 학교나 일터에서 다른 사람들과 만나면서 살아요. 학교나 일터에서는 사교술이 매우 중요해요. 사교술이 좋은 사람들은 남보다 앞서갈 뿐더러, 종종 자기 분야에서 빨리 성공해요. 사교술이 나쁜 사람들은 성공하기 위해 고군분투를 하고 나서야 좀 더 나은 사교술로 처신하는 방법을 배우게 되죠. 그리고 사교술은 분명히 배울 수 있는 거예요. 자라면서 거의 모든 사람들로부터 배운답니다.

행복의 비결은 무엇일까?
성공해도 행복하지 않다면, 과연 성공의 핵심은 무엇일까요? 대부분의 사람들에게 인생에서 가장 큰 바람은 행복해지는 거예요. 사람들은 수천 년간 행복의 비결을 찾아왔어요. 최근에는 심리학자들도 그 탐구에 가담했죠. 심리학자들의 연구 결과가 옳다면, 행복의 비결은 사실 너무나 단순하답니다. 첫째, 사람들과 만나는 것을 즐기고 너무 오랫동안 혼자 있어서는 안 돼요. 둘째, 기대가 너무 크지 않아야 보다 행복해질 수 있어요. 셋째, 긍정적으로 생각해야 해요.

성공의 비밀은 자신의 장기를 알고 능력을

나의 잠재력은 무엇일까?

여러분은 자신이 유명해질 거라고 생각하세요? 아니면 충분히 가능한 성공도 자기 능력을 발휘하지 못해서 불가능할 거라 걱정하세요?

펼치는 거예요.

단어 설명

게놈 한 생물이 지닌 유전자 한 꾸러미.

관절 두 뼈가 만나는 부위.

교감신경계 몸의 신경계 중 무의식적으로 작동하는 두 부분(교감신경계와 부교감신경계) 가운데 하나. 교감신경계는 몸이 움직일 수 있게 준비를 해요.

기관 심장, 위, 뇌처럼 특별한 기능을 가진 큰 구조.

난자 여성의 생식 세포.

눈동자 눈 가운데의 검은 원 모양. 눈동자는 빛이 눈으로 들어가는 통로예요.

뉴런 신경계의 단위. 신경 세포와 거기서 나온 돌기를 합친 것으로 자극을 받아들이고 전달하는 일을 해요.

단백질 아미노산이라는 화학 물질들로 이루어진 복합 분자. 근육과 털은 대부분 단백질이에요. 효소라고 불리는 단백질 분자는 생물에서 대부분의 화학 반응을 조절해요.

대뇌피질 뇌의 겉 부분이며, 주름 져 있어요.

동맥 심장에서 뿜어져 나온 피가 흐르는 혈관. 동맥은 혈관벽이 두꺼워요.

디엔에이 디옥시리보 핵산 (DeoxyriboNucleic Acid, DNA). 아주 길고 꼬여 있는 분자이며, 화학 암호로 된 유전자들을 담고 있어요.

디엔에이 청사진 DNA를 깨뜨려 겔 속에서 조각으로 나누면 나타나는 줄무늬. 경찰과 과학 수사대는 DNA 청사진으로 사람들을 구별해요.

면역계 세균의 침입으로부터 몸을 지키는 조직과 세포의 복합체.

모세 혈관 모든 체세포에 피를 전달하는 혈관 중 하나로서 온몸에 그물 모양으로 퍼져 있는 매우 가는 혈관이에요. 현미경으로만 볼 수 있어요.

미생물 살아 있거나 죽은 모든 유기체에 있는 생물로서, 하나의 세포이고 현미경으로만 볼 수 있답니다. 어떤 미생물은 질병을 일으켜요.

바이러스 가장 간단한 형태의 생물로서, 길이가 DNA만 해요. 대개 단백질로 된 막이 씌워져 있고, 세포를 감염시켜서 증식해요. 종종 질병을 일으킨답니다.

배아 식물이나 동물의 발생에서 가장 이른 단계.

변연계 뇌 중심에 있는 복합 구조로서, 감정과 잠재의식에 중요한 역할을 해요.

복제 다른 생물의 체세포로 만들어진 생물이고, 유전적으로 원래 생물과 똑같아요. 일란성 쌍둥이는 타고난 복제인 셈이죠.

분자 화학적으로 연결된 원자들의 결합체. 예를 들면, 물 분자 1개(H_2O)는 수소 원자 2개와 산소 원자 1개로 이루어져 있어요.

비타민 아주 적은 양이지만 몸에 꼭 필요한 복합 유기 화합물.

사춘기 몸이 생식 능력을 갖추어 가는 성장 단계.

산소 숨을 쉴 때 피가 흡수하는 기체. 세포는 음식물에서 에너지를 얻을 때 산소가 필요해요.

세균 병을 일으킬 수 있는 작은 미생물로서, 현미경으로만 볼 수 있어요.

세포 생물을 이루는 구성단위 중 하나이며, 현미경으로만 볼 수 있어요.

소뇌 뇌 뒤쪽에 있는 양배추 모양의 구조로서, 몸의 균형과 근육 운동에 중요한 역할을 해요.

수정 새로운 아기를 만들기 위해 정자와 난자가 결합하는 것.

신경 긴 신경 세포 섬유의 한 다발. 신경에는 뇌와 몸 간의 전기 신호가 흘러요.

신경 전달 물질 두 뉴런 사이의 좁은 틈(시냅스)을 건너가는 화학 물질. 한 뉴런에서 다른 뉴런으로 신호를 나른답니다.

심리학자 꿈, 기억, 어릴 적 가족 관계 등을 상담하여 환자를 치료하는 전문가. 지그문트 프로이트는 정신분석학의 아버지라고 불려요.

아드레날린 몸을 재빨리 보호할 수 있게 준비시키는 '방어 반응' 호르몬.

아이큐(IQ) 지능 지수. 계산 능력, 공간 지각력, 언어 능력 등을 검사하여 알아내는 지능 수준.

감각 대뇌피질 감각을 통해 들어오는

정보를 처리하는 뇌의 영역.

알레르겐 해롭지는 않지만 면역 반응을 일으킬 수 있는 단백질(단백질-탄수화물 복합체). 알레르기를 일으켜요. 꽃가루가 대표적인 알레르겐이에요.

알레르기 꽃가루나 먼지처럼 해롭지 않은 물질 때문에 생기는 비정상적 면역 반응. 재채기, 두드러기 등 여러 증상이 나타나요.

엔도르핀 뇌에서 분비되고 고통을 덜어 주는 신경 전달 물질 중 하나.

열성 유전자 우성 유전자에 압도당하는 유전자.

염색체 세포 안에 있는 구조로서 DNA가 들어 있으며, 현미경으로만 볼 수 있어요.

우성 유전자 다른 유전자를 압도하는 우월한 유전자는 우성이에요.

원소 더 간단하게 쪼갤 수 없는 모든 물질을 구성하는 기본적 요소.

원자 더 이상 쪼개질 수 없는(핵분열은 예외) 물질의 입자.

유전자 DNA 분자에 들어 있는 몸의 설계도. 유전자는 생식 과정 중에 부모에서 자식으로 전달돼요.

의식 깨어 있는 상태에서 자기 자신이나 사물을 분간하고 판단하며 아는 것.

잠재의식 무의식과 의식의 중간 과정. 어떤 경험을 한 후, 그 경험과 관련된 사물, 사건, 사람, 동기 같은 것을 일시적으로 의식하지 못하고 있으나 그것이 필요하면 다시 의식할 수 있는 상태를 말해요. 잠재의식 과정은 알지 못하는 사이에 뇌에서 일어나요.

장기 이식 다른 사람으로부터 기증받은 건강한 장기를 환자의 병든 장기와 교체하는 수술.

전두엽 대뇌피질의 중심 영역으로서, 계획을 세우고 결정을 내리는 데 중요한 역할을 해요.

점액 입, 코, 목구멍, 장의 안쪽 벽에서 분비되는 짙고 끈적끈적한 액체.

정맥 심장으로 돌아오는 피가 흐르는 혈관. 정맥은 혈관벽이 얇아요.

정자 고환에서 만들어지는 남성의 생식 세포.

조직 피부, 뼈, 근육처럼 비슷한 형태의 세포끼리 결합된 신체 부위.

청소년기 어린이와 어른의 중간 시기.

탄소 사람 몸의 주요 성분 중 하나. 탄소 원자는 서로 결합되어 긴 사슬의 유기체 분자를 이룬답니다.

태반 아기가 배 속에서 어머니로부터 전달받는 산소와 영양분이 통과하는 기관. 아기는 태반에 탯줄로 연결돼요.

테스토스테론 남성 호르몬. 테스토스테론은 사춘기에 남성의 발달을 자극해요.

편도핵 뇌의 변연계에 있는 아몬드 모양의 구조. '감정'에 중요한 역할을 해요.

항체 특정한 백혈구들이 만들이 내는 단백질. 항체는 종류나 모양이 달라서 각각 특정한 세균과 결합해요.

해마 바다 물고기인 해마를 닮아 이름 붙여진 뇌 속의 구조. 기억을 저장하는 데 중요한 역할을 해요.

헤모글로빈 적혈구 속에 들어 있는 산소 운반 단백질. 헤모글로빈에 철이 들어 있어서 피가 붉게 보여요.

호르몬 특별한 분비샘에서 나오는 물질로서, 피 속에 분비되어 몸의 다른 부분까지 넓게 효과를 미친답니다.

홍채 눈 색깔을 나타내는 부분으로서, 눈동자의 크기를 조절하는 근육이에요.

효소 특정한 화학 반응의 속도를 높여 주는 단백질. 소화 효소는 큰 음식물 분자를 작은 조각으로 쪼개는 화학 반응의 속도를 높여 줘요.

히스타민 백혈구에서 분비되는 화학 물질. 히스타민은 조직을 자극에 민감하게 만들거나, 염증을 일으켜요. 알레르기 반응이 일어나거나, 세균 또는 이물질이 몸 안에 들어오면 분비된답니다.

힘줄 근육과 뼈를 연결하는 아주 질긴 섬유성 조직.

찾아보기

ㄱ
가족 32, 35
간 13
감각 22~23, 47
감각 기관 13, 18, 21
감성 지능 59
감정 일기 79
개방성 69
거울 쌍둥이 37
거짓 웃음 16, 85
거짓말쟁이 41, 84
게놈 31~32, 38
경력 69
계산 능력 59, 62~63
고분고분함 86
골격(계) 13~15
공간 지각력 58, 60~61, 90
공격(성) 72, 87
공상 49
공포증 82~83
관용성 69
관절 15
교감신경계 81
구토 24~25
귀 13, 23
귓불 35
균형 24, 40~41
근육 8, 13, 16, 23

기관지 20
기도 25
기쁨 78
기억 52~55, 81
기억력 향상 비결 53
기억상실증 52
기침 20, 24
꿈 39, 76~77

ㄴ
나트륨 9
난독증 89
난자 11, 32, 36, 38
남성의 뇌 72~73
내면의 목소리 49
내장 12~13
내적 자아 48
내향성 68, 70~71
논리력 59, 90
놀람 79
뇌 세포 연결 56~57
뇌 손상 57
뇌간 47
뇌사 47
눈 깜박임 16
눈 색깔 33
눈 세포 11
눈꺼풀 16, 85
눈동자 23
눈썹 85
뉴런 18, 45

ㄷ
단백질 9
대뇌 피질 47
DNA 29~31

DNA 청사진 29
딱지 17
땀 21, 81

ㅁ
마그네슘 9
마주 보기 85
말린 귓바퀴 34
망막 23
맥박 17
면역계 9, 24~25, 28
목소리 29, 39, 88
몸무게 42
몸의 방향 87
몸짓 89
몽유병 77
무서움 78, 80~82
무의식 86
문법 89
물(H_2O) 7~8
미각 22~23
미뢰 23

ㅂ
발가락 털 35
발달 38~43
방광 12
방어하기 87
배상 세포 11
배아 36, 38
백혈구 11, 24, 28
변연계 47, 78, 81~82
보조개 34
복제 36
본능 80
부끄럼 70

불안정성 68
붙임성이 좋은 사람 73
빠른 안구 운동(REM) 수면 76
뼈 8~9, 11, 13, 15

ㅅ
사교술 90
사귐성 41, 73, 85
사진 같은 기억력 53
사춘기 42~43
산소 8, 10, 12, 17, 20
상상 49, 59
색맹 35
생체 시계 74
샴쌍둥이 36~37
서명 29
설사 24~25
성 염색체 33
성공 90
성남 78
성대 88
성문 분석가 29
성별 73
성실성 68
성장 42
세균 24~24, 28
세포 분열 38
소금 9
소뇌 47, 56
소리 23, 39
소화계 19, 25, 80
속삭이다 88
손 50~51
손가락 16, 34~35, 72
수면 부족 74~75
수소 8
수평적 사고력 59, 62~63
슬픔 79

시각 11, 22~23, 39~40, 49
시냅스 18
시차 75
신경 11, 18, 21
신경계 18, 81
신원 41
신체 능력 90
신체 언어 86~87
심장 13, 17, 38
심장혈관계 17
십대 42~43, 74
쌍둥이 36~37, 69

ㅇ
아버지 32, 38
IQ 58~59, 70
아포크린 땀 21
악몽 76
알레르겐 25
알레르기 24~25
약점 90
양손잡이 51
양향 성격자 51
억양 88
X 염색체 33
언어 40, 50, 88~89
언어 능력 58, 60~61, 90
얼굴 붉힘 84
엄지손가락 34, 39
에크린 땀 21
엔도르핀 89
여드름 43
여드름 43
여성의 뇌 72~73
역겨움 79
연습 56
열성 유전자 33
염색체 30~32

94

염소 9
엽 46, 47
오른쪽 뇌 50, 73
오목한 턱끝 34
5요소 성격 검사 69
Y 염색체 33
외향성 66, 68, 71
왼손잡이 50
왼쪽 뇌 50, 72
요오드 9
우성 50~51
우월감 86
웃음 16, 40, 78~79, 85, 89
위 12, 19
유당 불내성 33
유머 감각 89
유전자 27, 30~33, 58, 69, 74~75
융모 19
음모 42~43
음악성 90

의사소통 86
의식 49
이 8~9, 13, 19, 38
이란성 쌍둥이 36
인 8
일란성 쌍둥이 36~37, 69
입 25, 84, 88
입술 23, 25

ㅈ
자아 40, 48
자아 인식 42, 90
자폐증 73
잠 57, 74, 76
잠재력 90
잠재의식 48
장기 이식 28
점액 11, 20, 93
재채기 20, 24
적혈구 10, 17
정자 11, 32, 36, 38
정직한 근육 84

조직 12~13
주근깨 34
주요 조직 적합성 복합체 (MHC) 25
중력 23
지능 58~61, 90
지문 28, 38
질소 8
집중 53, 56

ㅊ
창조성 59, 90
척수 18
천식 25
천재 59, 90
철 9
청각 22~23
청소년기 42~43
촉각 22~23
추억 41
출생 39
친구 41~43, 70~71

침 19, 23

ㅋ
칼륨 9
칼슘 9
코 13, 34, 85
콧구멍 23
콩팥 12

ㅌ
탄소 7~8
털 12, 21, 42
테스토스테론 72
통각 23~24

ㅍ
편도핵 78
표정 78~79, 84
프로이트 48, 77
피 9~10, 12, 17, 20
피부 11~12, 21, 25
피부 조각 21

ㅎ
학습 56~57
항체 24
해마 52
행복 90
허파 12, 20
허파꽈리 20
혀 16, 23, 25
혀 말기 34
혈관 13, 17
혐오감 83
호르몬 42~43
홍채 28
환기 80~81
황 9
효소 19
후각 22~23, 25
후두 20, 88
히스타민 24
힘줄 16

ACKNOWLEDGMENTS

Dorling Kindersley would like to thank the following people for help with this book: Janet Allis, Penny Arlon, Maree Carroll, Andy Crawford, Tory Gordon-Harris, Lorrie Mack, Pilar Morales for digital artwork, Laura Roberts, Cheryl Telfer, Martin Wilson.

Thanks also to Somso Modelle for use of their anatomical model (p. 16)

The publisher would like to thank the following for their kind permission to reproduce their images: Position key: a=above, b=below/bottom, c=centre, l=left, r=right, t=top

Corbis: Bettmann 77cl; Cameron 57tr; Cheque 36-37b; L. Clarke 37tr; Robert Holmes 52cb; Richard Hutchings 22crb; Thom Lang 6tl, 13bcr, 14clb (brain); Lawrence Manning 35bl; John-Marshall Mantel 52ca; Reuters 28bc, Anthony Redpath 1tl (photos); ROB & SAS 33br; Royalty Free Images 29tc (mouth), 79c; Nancy A. Santullo 64bc, 70rl; Norbert Schaefer 36-37c; Strauss/Curtis 22l, 70l, Mark Tuschman 64clb, 78l; Larry Williams 34c; Elizabeth Young 34cl. **DK Images:** Commisioner for the City of London Police 73cr; Denoyer/Geppert Intl. 17clb, 19tr, 20tr; Eddie Lawrence 59tr; Judith Miller, Otford Antiques & Collectors Centre, Kent 64cb (bear), 67bl, 69clb; 16r; Jerry Young 62c.

Getty Images: Alistair Berg 26-27; Tipp Howell 49cra; Andreas Kuehn 64ca (face), 79r; Stuart McClymont 52c; Eric O'Connell 80-81b; Royalty Free/Alan Bailey 64br, 78c; Chip Simons 77r; Anna Summa 79l, 85bcl; Trujillo-Paumier 64tr, 76-77b; V.C.L. 36cl; David Zelick 34tr. **Science Photo Library:** 10l, 11tl, 11tr, 11l, 11r, 14crb (left jar), 14crb (right jar), 15cl, 18cl; Alex Bartel 39cr; Annabella Bluesky 22cra, 35br; Neil Bromhall 39cl; BSIP Ducloux 22cr; BSIP, Joubert 18cla; BSIP/Serconi 11tcl; BSIP VEM 18clb, 78bl; Scott Camazine 19bl; CNRI 6cr, 13bcl, 17clb, 20cla, 20bl; Dept. of Clinical Cytogenetics, Addenbrookes Hospital 33bc; John Dougherty 12bl; Eye of Science 19clb, 20cl; David Gifford 6, 22tr; Pascal Goetcheluck 28tcr; Nancy Kedersha 5cl, 44-45; Mehau Kulyk 11tc, 18r, 30clb; Francis Leroy, Biocosmos 38l; Dick Luria 21bl; David M. Martin, M.D. 19cl; Hank Morgan 29bc, 29tc (graphic), 47br, 81tr; Dr. G. Moscoso 38r; Prof. P. Motta, Dept. of Anatomy, University "La Sapienza", Rome 15cla; Profs. P.M. Motta & S. Makabe 38cr; Dr. Yorgos Nikas 38cl; David Parker 28tcl; Alfred Pasieka 20bl, 16-17 (main), Prof. Aaron Polliack 10r, 14crb (middle jar); Victor De Schwanberg 12bcl, 13tl, 14clb (heart), 14clb (kidney); Volker Steger 58tl, 72-73; VVG 6tr, 21crb; Andrew Syred 6clb, 11tcr, 17cla, 21cl, 28tr, 30cl; Paul Taylor 12bcr; Tissuepix 39l; Geoff Tompkinson 46bl; 83 (car) National Motor Museum, Beaulieu, Somso Modelle 14tl.

All other images © DK Images

검사 해답

51쪽
나는 양손잡이일까?
분명히 양손 중 한 손이 다른 손보다 더 많은 점을 찍을 거예요. 그 손이 바로 여러분이 잘 쓰는 손이고, 글쓰기에 더 알맞아요. 만약 양손이 비슷한 개수의 점을 찍는다면 아주 드문 일이에요. 거의 모든 사람은 왼손잡이 또는 오른손잡이예요.

54쪽
얼마나 많은 단어를 기억할 수 있을까?
8개 이상을 기억한다면 잘한 거예요. 단어는 얼굴보다 기억하기 어렵지만, 숫자보다는 쉬워요. 아마 '먼지'처럼 쉬운 단어보다는 '구토' 같이 낯선 단어를 더 잘 기억할 거예요. 뇌가 낯선 것에 더 잘 집중하기 때문이죠. 또 이 검사에 시각 기억이 도움이 될 거예요. 특히 '카펫 위의 잼'이나 '의자 위의 조약돌'처럼 그럴듯하게 짝을 지으면 좋아요.

55쪽
시각 기억력은 얼마나 좋을까?
반 이상을 기억한다면 잘한 거예요. 이 검사는 단어 기억 검사보다 어려워요. 사진을 기억해야 하므로 다른 이미지를 마음속에 그려내기 어렵기 때문이에요. 또 쟁반에 놓인 물건들이 재미도 없어서 단기 기억에 오랫동안 남지도 않을 거예요.

55쪽
숫자 외우기
대부분의 사람들은 한 번에 7자리 숫자를 단기 기억에 담을 수 있어요. 그래서 이것보다 많이 기억하면 잘한 거예요. 숫자는 단어나 그림보다 재미가 없어서 기억하기 더 어려워요. 하지만 숫자를 소리 내어 여러 번 읽으며 기억하면 뇌가 단어의 소리도 기억하므로 숫자 기억력을 높일 수 있어요. 소리를 내지 않고 속으로 중얼거려도 좋아요. 그런데 숫자를 외우다가 방해를 받으면 숫자가 금세 단기 기억에서 사라져요.

60~61쪽
공간 지각력 검사
1: ㅁ, 2: ㄴ, 3: ㄴ, 4: ㅁ, 5: ㄹ, 6: ㄱ, 7: ㄹ, 8: ㄴ, 9: ㄴ, 10: ㅁ

60~61쪽
언어 능력 검사
1: ㄷ, 2: ㄹ, 3: ㄱ, 4: ㄹ, 5: ㅁ, 6: ㄷ, 7: ㅁ, 8: ㄹ, 9: ㄱ, 10: ㄷ, 11: ㄹ, 12: ㄷ, 13: ㅁ, 14: ㄱ, 15: ㄴ, 16: ㄴ

62~63쪽
계산 능력 검사
1: ㅁ, 2: ㅁ, 3: ㄱ, 4: ㄹ(앞의 두 숫자를 합하면 다음 숫자예요.), 5: ㄴ, 6: ㄱ(영어 단어의 각 철자가 알파벳 순서에서 몇 번째인지 따져보세요.), 7: ㅁ, 8: ㄹ(함정이 있어요!), 9: ㄹ, 10: ㄷ(함정이 있어요!), 11: ㄹ, 12: ㄱ, 13: ㄴ, 14: ㄴ(모두 제곱수예요. 예: 144=12×12), 15: ㄷ

62~63쪽
수평적 사고력 검사
1. 달걀 안의 병아리
2. 겨울에 만든 눈사람 얼굴에 있던 것들인데, 눈사람이 녹았어요.
3. 배낭에는 낙하산이 있는데, 펴지지 않았어요.
4. 자매예요.
5. 네모난 천은 돌리면 구멍이 생길 수 있어요.
6. 음료수에 든 얼음 속에 독이 있어서, 그가 떠난 후에 얼음이 녹았어요.
7. 사람
8. 스위치 두 개를 켰다가 2분 후에 하나를 끄세요. 그런 다음 위층에 올라가 보면 전등 하나는 켜져 있고, 켰다가 끈 전등을 만져 보면 따뜻할 거예요.
9. 그는 키가 아주 작아서 엘리베이터의 숫자 단추를 7까지만 누를 수 있어요. 비가 오는 날에는 우산으로 숫자 단추 10을 누를 수 있답니다.

75쪽
여러분은 올빼미인가요? 아니면 종달새인가요?
ㄱ은 4점, ㄴ은 3점, ㄷ은 2점, ㄹ은 1점.
6~11점: 올빼미여서 늦게 자는 것을 좋아해요. 하지만 수면 부족으로 낮에 기분이 좋지 않거나 학교 수업을 제대로 듣지 못할 수 있어요. 잠이 부족하다고 생각한다면, 주말에 좀 더 일찍 잠자리에 들어 보세요.
12~18점: 올빼미도 종달새도 아니에요. 아마 매일 규칙적으로 자고 일어나는 사람일 거예요.
19~24점: 종달새여서 아침을 좋아해요. 대단한 행운이죠. 대부분의 사람들은 일찍 일어나는 것을 싫어한답니다.

85쪽
거짓 웃음을 모두 가려내 보세요!
1, 2, 3은 거짓 웃음이에요. 4, 5, 6은 진짜 웃음이에요.